AS RAÍZES SECRETAS DO AIKIDO

Sokaku Takeda.

Shiro Omiya

AS RAÍZES SECRETAS DO AIKIDO
Aiki Jujutsu Daitoryu

Tradução
PAULO C. PROENÇA

Supervisão Técnica
PROF. WAGNER BULL - 6º *Dan* Aikikai
www.aikikai.org.br

EDITORA PENSAMENTO
São Paulo

Título original: *The Hidden Roots of Aikido*.

Copyright © 1998 por Shiro Omiya.

Publicado mediante acordo com a Kodansha International Ltd., 17-14 Otowa 1-chome, Bunkyo-ku, Tokyo 112-8562, e Kodansha America Inc., 575 Lexington Avenue, New York, New York 10022.

Todos os direitos reservados. Nenhuma parte deste livro pode ser reproduzida ou usada de qualquer forma ou por qualquer meio, eletrônico ou mecânico, inclusive fotocópias, gravações ou sistema de armazenamento em banco de dados, sem permissão por escrito, exceto nos casos de trechos curtos citados em resenhas críticas ou artigos de revistas.

Foto da capa por Naoto Suzuki.

NOTA AO LEITOR:

Muitas técnicas descritas em *As Raízes Secretas do Aikido* são perigosas e devem ser executadas somente sob a supervisão de um mestre praticante de Daitoryu. Os editores se eximem de qualquer responsabilidade por lesões resultantes de utilização de qualquer das técnicas pelos leitores. Para obter maiores informações no Brasil, contatar o Instituto Takemussu: www.aikikai.org.br ou pelo telefone: (11) 5581-6241.

A Editora Pensamento-Cultrix Ltda. não se responsabiliza por eventuais mudanças ocorridas nos endereços convencionais ou eletrônicos citados neste livro.

Dados Internacionais de Catalogação na Publicação (CIP)
(Câmara Brasileira do Livro, SP, Brasil)

Omiya, Shiro
    As raízes secretas do aikido / Shiro Omiya ; tradução Paulo C. Proença ; supervisão técnica Wagner Bull. — São Paulo : Cultrix, 2004.

    Título original : The hidden roots of aikido
    ISBN 978-85-315-1348-0

    1. Aikidô 2. Aikidô — Treinamento I. Título.

04-6664   CDD-796.8154

Índices para catálogo sistemático:
1. Aikidô : Esportes   796.8154

O primeiro número à esquerda indica a edição, ou reedição, desta obra. A primeira dezena à direita indica o ano em que esta edição, ou reedição foi publicada.

Edição

Ano

2-3-4-5-6-7-8-9-10-11-12

07-08-09-10-11-12-13-14

Direitos de tradução para a língua portuguesa
adquiridos com exclusividade pela
EDITORA PENSAMENTO-CULTRIX LTDA.
Rua Dr. Mário Vicente, 368 – 04270-000 – São Paulo, SP
Fone: 6166-9000 – Fax: 6166-9008
E-mail: pensamento@cultrix.com.br
http://www.pensamento-cultrix.com.br
que se reserva a propriedade literária desta tradução.

SUMÁRIO

Prefácio	9
Prefácio da Edição Brasileira	10

PARTE I   DAITORYU: UMA VISÃO GERAL — 13

O Desenvolvimento Histórico da Tradição	15
Teoria	19
Métodos Básicos de Treinamento	23
Formas em Pé e Sentado	23
Os Três Métodos: Daitoryu Jujutsu, Daitoryu Aiki Jujutsu,	
e Daitoryu Aiki no Jutsu	24
Daitoryu Jujutsu *Ippon-dori*	25
Daitoryu Aiki Jujutsu *Ippon-dori*	26
Daitoryu Aiki no Jutsu *Ippon-dori*	27
Métodos Básicos de Treinamento Utilizando Técnicas Específicas	28
Treinamento Básico Utilizando o *Irimi-nage*	28
Treinamento Básico Utilizando o *Yonka-jô*	30
Treinamento Básico Utilizando o *Shihô-nage*	31
Aiki Jûmon e o Arremesso das Oito Direções	32
• *Aiki-age*	33
• *Karyû happô*	34
O Espírito de *Aiki*	39
• *Kaishô no den*	40

PARTE II   TÉCNICAS — 41

Técnicas Básicas	43
Ikka-jô	43
• *Fûkaku den*	44
Nikka-jô	45
Sanka-jô	46
• *Guinomi kuden*	48
• *Tsurizao kuden*	48
Yonka-jô	49
• *Kannuki kuden*	49
Goka-jô	50
• *Tsuribari kuden*	50
Rokka-jô	51
Irimi-nage	52
• *Dokko den*	52

Shihô-nage	54
• Princípio de *aiki com duas espadas*	54
• *Tenchi no den*	55
• *Myaku-mochi no den*	55
Kote-gaeshi	56
Tenchi-nage	57
• *In'yô no den*	57
Kaiten-nage	59
Gyakuhiji-nage	60
Técnicas Intermediárias: Arremessando	61
Ayate-dori kote-gaeshi	61
Sode-tori aiki-nage	62
Kata-dori oni no kubi	64
Ryô-eri-dori mute-nage	66
Shômen-uke aiki-nage (*omote*)	68
Shômen-uke aiki-nage (*ura*)	70
Yokomen-uke aiki-nage (*omote*)	72
Yokomen-uke aiki-nage (*ura*)	74
Tsuki-uke ryû no agito	76
Tsuki-uke gyakuhiji-nage	78
Tsuki-uke oguruma-nage	80
Konoha-otoshi (*yô*)	82
Konoha-otoshi (*in*)	84
Técnicas Intermediárias: Imobilizando	87
Ryô-eri-dori ryû no agito	87
Karami-shibori	89
Sode-tori kukuri	91
Sode-tori makihiji	93
Sode-tori nika-jô-gatame	95
Karami-gatame	97
Fûrai	99
Ushiro-dori hitoe	101
Ayate-dori tenbin	103
Ushiro-dori gyakuhiji-gatame	105
Futae ude-makura	107
Hangetsu-kuzushi	109
Toami	111
Kusanagi	113
Taizan	115
Kairi	117
Kamakubi-gatame	119
Kaede-awase	121
Hachiwari	123
Yumi	125

Hashira-tate	127
Tsutakazura	129
Kusabi-omoshi	131
Fukuto	133
Ura-ageha	135
Jôto	137
Ashibune	139
Hokuto	141
Fuji	143
Ukifune	145
Técnicas Avançadas: Múltiplos Atacantes	147
Futari-dori (1)	147
Futari-dori (2)	149
Futari-dori (3)	151
Sannin-dori	153
Yonin-dori	155
Gonin-dori	157
Técnicas Avançadas: *Kaeshi-waza*	159
Contra-atacando *Ikka-jô* com *Aiki-nage*	159
Contra-atacando *Kote-gaeshi* com *Ikka-jô*	161
• *Neko no te kuden*	161
Contra-atacando *Irimi-nage* com *Shihô-nage*	163
Contra-atacando *Shihô-nage* com *Ikka-jô*	165
• *Nonaka no maku kuden*	166
Contra-atacando *Irimi-nage* com *Ashi-sarai*	167
Técnicas Diversas	169
Kami no ke-dori ikka-jô	169
Kami no ke-dori shihô-nage	171
Kami no ke-dori sanka-jô-kiritaoshi	173
Tachi-dori aiki-nage	175
Tachi-dori kote-gaeshi	177
Tachi-dori shihô-nage	179
Tachi-dori ikka-jô	181
Tachi-dori nika-jô	183
Tachi-dori sanka-jô	185
Kasa-dori shihô-nage	187
Kasa-dori aiki-nage	189
Jô-dori futari-nage	191
Jô-gatame (1)	193
Jô-gatame (2)	195
Glossário	197

PREFÁCIO

Nos últimos anos, temos percebido um grande crescimento de interesse no Daitoryu, uma arte marcial cheia de controvérsias, considerada como uma das fontes primárias do Aikido, uma disciplina moderna, popular em todo o mundo. Um eminente mestre, instrutor de Daitoryu, descreveu essa arte marcial tradicional nestes termos:

Diferente da maioria dos sistemas, o Daitoryu é de caráter inteiramente marcial. E no Daitoryu, nós nunca imaginamos que uma batalha será de uma pessoa contra a outra; a sutileza de todas as técnicas pressupõe os ataques vindo de todos os lados. O Daitoryu é um sistema superiormente prático e eficiente.

O Daitoryu é um sistema de arte marcial extremamente eficiente, mas a execução de suas técnicas não depende de tamanho ou força física. Isso é amplamente demonstrado pelo exemplo de Sokaku Takeda (1860-1943), um homem pequeno e magro que no entanto foi o artista marcial dominante no início do século XX. Sokaku derrotava sempre todos os seus desafiantes, incluindo lutadores de Sumô e peritos em Judô, Karatê ou Kendô, até seus oitenta anos. A fonte de sua incrível técnica era o seu domínio do *aiki*, a essência do sistema Daitoryu. Outro elemento importante do inigualável sistema Daitoryu é a inclusão de ensinamentos antigos da religião Xintô e práticas esotéricas que aumentam dramaticamente o conhecimento dos praticantes em relação ao cosmos e sua capacidade de se utilizarem da energia universal por completo.

Este livro é uma introdução ao sistema Daitoryu de ensinamentos que foram mantidos em segredo por vários séculos e expressados de várias formas, incluindo textos escritos, transmissão de pessoa a pessoa e instruções orais. Espero que ele forneça aos leitores uma pequena idéia do mundo fascinante da tradição da arte marcial Daitoryu.

Sokaku Takeda já em idade avançada.

PREFÁCIO DA
EDIÇÃO BRASILEIRA

Na condição de *6º Dan* e praticando o Aikido por mais de 34 anos no Brasil, no Instituto Takemussu, e no Exterior graças às portas abertas para mim por Yamada Sensei, aluno direto do Fundador, tenho pesquisado muito sobre esta arte. Minha biblioteca particular tem mais de 400 obras somente sobre Aikido e artes correlatas, pois creio que, para se estudar o Aikido verdadeiramente como uma Arte, é importante pesquisar tanto os aspectos técnicos quanto os históricos de seus ensinamentos.

Morihei Ueshiba criou o seu próprio Budô. Mas a questão é: a partir do quê? Já não é mistério o fato de que os aspectos técnicos de Ô Sensei resultaram de seu relacionamento e longo aprendizado com o mais proeminente mestre de artes marciais do seu tempo, Sokaku Takeda, o divulgador do Daitoryu Aiki Jujutsu ao grande público. Antes, essa arte era fechada e apenas os membros do clã Takeda tinham acesso ao seu aprendizado.

Eu reconheço que deve ser difícil imaginar o fundador do Aikido como um aluno. Mas, como todos os grandes mestres de artes marciais, ele criou o Aikido a partir de sua própria visão sobre o que havia aprendido antes. Note-se que Morihei Ueshiba era um severo praticante de artes marciais. Seu relacionamento e tutelagem por Sokaku Takeda, que durou cerca de 20 anos, estão bem documentados. Também é bem conhecido o fato de que muitos alunos de Morihei Ueshiba, anteriormente à 2ª Guerra Mundial, receberam pergaminhos da arte de Daitoryu e não de Aikido como recebem hoje os membros filiados ao Aikikai, que é a entidade dirigida pelos seus sucessores sangüíneos. Em seus anos de juventude, Morihei Ueshiba era considerado como um severo instrutor, como era seu professor, Sokaku Takeda. Apenas após uma vida de treinamento intenso e diligente pôde o Aikido transformar-se na arte que hoje conhecemos.

Daitoryu não é um Aikido "estilo duro", é uma tradição centenária da qual nasceu o Aikido e numerosas outras artes. Tenho ouvido até de muitos mestres de Aikido que estudar Daitoryu é um retrocesso, tendo em vista o nível a que chegou o Aikido. Eu penso de outra maneira, e declaro clara e firmemente que tenho vivido experiências muito positivas sobre os surpreendentes conceitos de Aiki existentes no Daitoryu que aprendi estudando essa arte e que percebo que muito poucos aikidoístas têm demonstrado possuir. É um fato sabido que Ô Sensei teve que simplificar muito os velhos métodos em função do tempo que seria requerido para ensiná-los. Mas para mim fica claro, após longa análise e estudo, que algo se perdeu no Aikido Moderno, que fez com que sua marcialidade e eficiência fosse prejudicada. Infelizmente, em muitos dojôs de Aikido atualmente parece que se dá mais importância a formas coreografadas em movimentos do que à arte marcial espontânea. O Aikido moderno na maioria dos dojôs não consegue ser praticado sem haver uma colaboração constante do *uke* (o atacante). Essa atitude é válida para o aprendizado de principiantes, mas o que se vê infelizmente é que muitos praticantes avançados continuam agindo dessa forma, fazendo com que o Aikido deixe de ser uma arte marcial e se pareça mais com uma dança.

Na minha opinião, é vergonhoso o fato de muitos aikidoístas, a partir dos treinamentos habituais, pretenderem atuar em um nível de proficiência que o Fundador atingiu após toda uma vida de treinamento contínuo. O modo como o moderno Aikido é mostrado ao mundo chega a ser desapontador. Quando visitei a All Japan Demonstration, no ginásio Budokan de Tóquio, onde mais de 10 mil pessoas praticavam Aikido, cheguei a ver grandes mestres em ação, mas a grande maioria carecia de qualidades marciais, e eu falo também de muitos instrutores. A maioria das demonstrações que observei carecia de uma real atitude marcial. Os princípios sob os quais o Aikido se assenta (tais como movimento, temporização e *Kokyu*) estavam presentes, mas a natureza marcial do Aikido havia sido perdida em sua trajetória até os dias atuais.

Depois de treinar por 15 anos a arte conforme a via sendo ensinada na maior parte dos dojôs, e tendo praticado outras artes marciais, como Judô, Boxe e Karatê, ficou claro para mim em determinado ponto que algo realmente estava faltando no ensino do Aikido, e percebi que muitos aikidoístas estavam apenas enganando a si próprios ao julgarem que um agressor os atacaria desordenadamente, de modo a permitir que o manipulassem como a um boneco. Por isso, em 1987 decidi criar o Instituto Takemussu no Brasil inspirado no Aikido que vi Massanao Ueno praticar, o qual era muito eficiente. A explicação de Ueno para a sua marcialidade era que ele havia sido ensinado pelo seu professor a executar os princípios e técnicas exatamente como Morihei Ueshiba ensinava. Dessa forma, a meta no Instituto Takemussu foi procurar estudar o Fundador de todas as formas possíveis, através de contato com seus alunos diretos, livros, vídeos e, principalmente, focando no Xintoísmo e no Daitoryu, o primeiro pelo fato de dar a base espiritual para o Aikido e o segundo por conter os grandes segredos técnicos.

O Aikido foi criado a partir de conceitos que preconizam compaixão, paz, amor e tolerância para produzir a harmonia. Mas é preciso estarmos conscientes de que, quando falamos de paz e somos fortes, todos nos escutam; mas se falarmos de paz sendo fracos, ninguém nos ouvirá. Como nós, enquanto aikidoístas, poderemos promover o Aikido como uma atitude de paz e harmonia, se a praticarmos de maneira a transmitir uma falsa sensação de segurança? Durante anos, ouvi e continuo ouvindo outros artistas marciais criticarem o Aikido por essa falta de severidade e sentido prático. De novo, vou argumentar que a arte não deve ser culpada, mas a forma confortável com que vem sendo usualmente praticada e ensinada por professores mal preparados que têm atraído essas críticas.

É claro que se pode treinar o Aikido por uma miríade de motivos pessoais, seja para melhorar a saúde, para encontrar amigos ou para treinar sociabilidade e diminuir a tensão, entre outros. Mas eu não posso aceitar que se diga que se está treinando uma arte marcial, a menos que efetivamente se esteja realmente fazendo isso. Aikido é um "caminho marcial". A arte foi assim designada pelo Fundador seguindo os preceitos das antigas tradições dos guerreiros japoneses, e qualquer degeneração que exclua a natureza marcial da arte não é Aikido. Isso não quer dizer que o aikidoísta deva se encouraçar antes de praticar; o que estou dizendo é que sua mente, corpo e espírito devem ser forjados pelo desafio da mentalidade marcial.

No Budô, as palavras de Morihei Ueshiba estão repletas de imagens de guerreiros japoneses e da cultura guerreira. O Fundador escreveu: *"Imagine que seu corpo e mente estão encarnando a alma de um guerreiro, iluminado, sábio e profundamente calmo."* O Fundador também escreveu: *"A aparência de um 'inimigo' deve ser dura o suficiente para testar a sinceridade do treinamento físico e mental de seu oponente, que deve realmente responder conforme a vontade divina."* Mais ainda, o pensamento do Fundador estava absolutamente claro quando aconselhou: *"Sempre se imagine em um campo de batalha, sob feroz ataque; nunca esqueça o crucial elemento do treinamento."*

Penso que o Fundador foi suficientemente claro em relação à sua visão de paz. Mas a sua visão provinha da mente de um guerreiro. Um guerreiro que indicava claramente que a iluminação e a têmpera do espírito de uma pessoa são o resultado direto de um treinamento severo e diligente. Remover a natureza marcial do treinamento de uma pessoa acarreta a remoção do necessário afilamento da espada do seu espírito.

Eu acredito que meus estudos de Daitoryu têm sido preciosos para o meu entendimento do Aikido. Eu acredito que Daitoryu e Aikido são praticamente os mesmos do ponto de vista de princípios marciais; o que muda na verdade é a questão espiritual e filosófica: enquanto que no Daitoryu se faz o "*aiki*" para controlar e dominar um atacante, no Aikido isso é feito para se gerar afinidade e harmonia, não só com o atacante mas com todo o universo por extensão. O Aikido contém a mesma essência de todas as religiões. Àqueles que acham que o Aikido e o Daitoryu pertencem a mundos diferentes, peço que reavaliem suas posições principalmente no aspecto técnico.

Vou deixá-los com algumas palavras do último Daitoryu Aiki Jujutsu Soke, Sensei Tokimune Takeda, quando lhe perguntaram qual era a diferença entre Daitoryu e Aikido. Sensei Takeda respondeu quando assistiu a uma demonstração semelhante a que eu no início declarei assistir no Japão:

"...tenho observado as técnicas do Aikido na Nippon Budokan e descobri que são demonstradas lá apenas técnicas leves. Eles não simulam condições reais de luta. Os parceiros apenas caem para eles. É como se estivessem praticando quedas. Se o seu parceiro realiza uma bela queda, isso faz com que sua técnica pareça boa. Nos nossos treinamentos, não fazemos nossos parceiros cair. Nós os arremessamos. Eles não precisam cair."

Espero que tenha soado um tanto duro. Mas a intenção é exatamente esta e acordar muitos aikidoístas para que reflitam o seu treinamento, para que o Aikido no futuro possa ser digno da tradição e grandeza do seu Fundador.

Quando descobri este livro sobre Daitoryu, *As Raízes Secretas do Aikido*, escrito por Shiro Omiya, já na observação da postura do mesmo na foto da capa claramente percebi tratar-se de alguém que efetivamente havia treinado as bases do Daitoryu e do Aikido com um mestre competente, e fiquei feliz quando o editor Ricardo Riedel decidiu publicá-lo no Brasil, encarregando-me de supervisionar a tradução feita pelo meu aluno Paulo Proença, e juntos realizarmos o trabalho.

Este livro contém informações interessantíssimas para quem quer começar a estudar os princípios do Aikido, embora um pouco diferente na forma, eles devem ser também encontrados nos bons dojôs de Aikido que tenham concluído que a verdadeira essência do Aikido se encontra em Morihei Ueshiba. Certamente o aikidoísta que ler e entender este livro começará a praticar seu Aikido de forma diferente. Infelizmente, o Fundador do Aikido já não vive mais entre nós; assim, temos que nos reportar a seus alunos diretos e às origens de sua criação. O Daitoryu está para o Aikido mais do que o latim está para o português, sem dúvida alguma. Portanto, recomendo esta obra para todos os aikidoístas que consigam ler na língua portuguesa, para que possam chegar às mesmas conclusões a que cheguei manifestadas neste prefácio e que, deste ponto em diante, possam somar suas vozes no sentido de que é importante resgatar a marcialidade do Aikido para que ele possa continuar para as futuras gerações a ser chamado de arte marcial.

Wagner Bull
Presidente da Confederação Brasileira de Aikido
Instituto Takemussu - Brazil Aikikai
http://www.aikikai.org.br
Fones: (011) 5581-6241 / 275-4734

PARTE

I

DAITORYU: UMA VISÃO GERAL

O Desenvolvimento Histórico da Tradição

Acredita-se que o Daitoryu nasceu no seio da família do Imperador Seiwa (que reinou entre 858 e 876 d.C.) e foi amplamente desenvolvido por um dos descendentes do imperador, Shinra Saburo Minamoto no Yoshimitsu, no século XI.

Através do seu estudo cuidadoso da anatomia humana ele costumava visitar campos de batalha e locais de execuções para examinar e dissecar os corpos de quem morria na guerra e criminosos executados. Yoshimitsu determinava quais eram os ataques mais decisivos e eficientes, batidas, agarrões e imobilizações. Para aprofundar-se nos mistérios do *aiki*, ou energia harmonizada, Yoshimitsu passava horas observando uma aranha fêmea aprisionando uma presa em sua teia. Além disso, ele era um músico de talento, e enquanto acompanhava os dançarinos com seu *sho* (um tipo de instrumento), ele compreendia a importância de se ter um bom ritmo e de se fazer uma transição tranqüila de um movimento para o outro. Yoshimitsu incorporava todo esse conhecimento na arte marcial que lhe foi ensinada por membros de sua família e passou adiante aos seus filhos, que

O comandante samurai Shinra Saburo Minamoto no Yoshimitsu tocando o *sho*.

melhoraram e expandiram o sistema que veio a ser conhecido como "Daitoryu", nome de uma de suas residências.

Yoshikiyo, seu filho mais velho, instalou-se no vilarejo de Takeda, em Koma (atualmente Prefeitura de Yamanashi) e fundou a divisão Takeda do clã Minamoto. A tradição Daitoryu de Yoshimitsu foi, desse ponto em diante, transmitida em completo segredo pelas gerações sucessivas da família Takeda. Próximo ao final do século XVI, a família, liderada por Kunitsugu Takeda, mudou sua base principal para o distrito de Aizu (na atual Prefeitura de Fukushima).

Lá, esse sistema de arte marcial se tornou conhecido como *o-shiki-uchi*, ou "treinamento no quarto", e alternadamente como um *o-tome-bujutsu*, ou "arte marcial de dentro do clã"; ambos os termos sugerem o sentido de grande segredo sob o qual as técnicas do Daitoryu foram guardadas. A arte foi secretamente transmitida aos samurais da região de domínio de Aizu até a queda do Xogunato em 1868.

E foi assim até o século XIX, quando o genial artista marcial Sokaku Takeda começou a ensinar o Daitoryu ao público que a arte se tornou popularmente conhecida. Sokaku nasceu em 1860 em Aizu, onde recebeu instrução na tradicional arte *o-shiki-uchi* do clã Aizu, de seus parentes e de Tanomo Saigo (1830 – 1905), o último representante do clã Aizu. Sokaku é considerado o 35º Grão-Mestre da tradição Daitoryu, ascendente de Kunitsugu Takeda. Em complemento ao sistema Daitoryu, Sokaku estudou muitos tipos de artes marciais e adquiriu experiências reais de combate em lutas de ruas por todo país. Por volta da virada do século, Sokaku começou a ensinar o sistema Daitoryu, que agora incluía alguns novos elementos que ele próprio havia incorporado, a seletos grupos de militares, oficiais de polícia e aristocratas. Sokaku estava estabelecido no remoto norte do Japão, mas costumava aventurar-se ocasionalmente até Tóquio e ao oeste do Japão. Durante o curso de suas viagens, Sokaku derrotava todos os seus desafiantes. Diz-se que mais de trinta mil praticantes de artes marciais receberam instruções diretas das mãos de Sokaku. Desse vasto número, somente uns vinte ou pouco mais receberam licenças formais para ensinar, dadas pelo Grão-Mestre de Daitoryu. Vários dos alunos de Sokaku tornaram-se exímios professores.

Tanomo Saigo.

Yukiyoshi Sagawa (1902-1998) foi um dos alunos mais velhos de Sokaku. Ele começou a estudar com Sokaku em Hokkaido, quando tinha apenas doze anos, e continuou seu treinamento por muitos anos. Sagawa afinal fixou-se em Kodaira, um subúrbio de Tóquio, onde abriu um *dojô* (local de treinamento). Sagawa era considerado o maior expoente do Daitoryu na segunda metade do século XX.

Outro aluno antigo de Daitoryu foi Kodo Horikawa (1895-1980). Horikawa iniciou seu treinamento no Daitoryu com seu pai, um dos primeiros alunos de Sokaku, e em seguida com o próprio Grão-Mestre. Horikawa viveu toda a sua vida no distrito de Kitami, em Hokkaido, onde disseminou os ensinamentos do Daitoryu. Ele tinha muitos alunos excelentes, dos quais se destacou Seigo Okamoto (1925-).

Takuma Hisa (1896-1980) foi o aluno principal de Sokaku no oeste do Japão. Acredita-se que ele seja o único aluno de Sokaku a ter recebido a transmissão completa dos ensinamentos de todas as técnicas do Daitoryu para combate armado ou desarmado. Depois da universidade, onde foi um lutador campeão de Sumô, ensinou Daitoryu Aiki Jujutsu por vários anos, na região de Osaka. Ensinou a vários alunos de destaque. Hakaru Mori (1931-) e outros de seus melhores alunos seguiram ensinando o estilo Hisa de Daitoryu na região de Kansai.

Tokimune Takeda (1916-1993), segundo filho de Sokaku, criou uma sede de Daitoryu *aiki budo* em Abashiri, Hokkaido, em 1953, assumindo subseqüentemente a liderança da tradição do Daitoryu. Nesse papel, Tokimune criou um arquivo de materiais relativos ao Daitoryu, codificou todas as técnicas e formou vários *dojôs* pelo Japão. O principal aluno de Tokimune Takeda, Katsuyuki Kondo (1945-), ainda está na ativa, promovendo o Daitoryu *aiki budo* na região de Tóquio.

Sokaku Takeda.

O DESENVOLVIMENTO HISTÓRICO DA TRADIÇÃO

Templo Ryozen, onde o então pastor-chefe Tanomo Saigo iniciou Sokaku Takeda nos segredos do Daitoryu.

Morihei Ueshiba (1883-1969) foi o aluno mais ilustre de Sokaku. Morihei o encontrou pela primeira vez em 1915, em Hokkaido, e treinou sob a sua tutela até 1922, quando Morihei foi licenciado para ensinar. Sob a influência de Onisaburo Deguchi (1871-1948), líder carismático da religião Oomoto-kyo, Morihei adotou e simplificou as técnicas do Daitoryu e dotou-a de uma importante dimensão espiritual para criar a arte do Aikido que nos anos recentes se tornou extremamente famosa e conhecida pelo mundo afora, e ganhou um grande grupo de seguidores internacionalmente.

A tradição Daitoryu continua de várias formas no Japão, e seus ensinamentos vêm sendo introduzidos lentamente ao resto do mundo.*

Infelizmente, atualmente muitos instrutores de Aikido não foram iniciados em muitos segredos oriundos do Daitoryu e, por essa razão, os artistas marciais tendem a ver o Aikido moderno como uma arte marcial sem muita eficiência. É preciso "separar o joio do trigo". Quando se pratica corretamente o Aikido, ele é uma arte marcial eficientíssima, pois tecnicamente contém os mesmos princípios do Daitoryu. No Instituto Takemussu no Brasil e dojôs tradicionais, este aspecto marcial é considerado muito importante (nota do supervisor da tradução).

Takuma Hisa.

Morihei Ueshiba.

Teoria

O CONCEITO DE *AIKI* (energia em harmonia), pivô central tanto do Aikido quanto do Daitoryu, é extremamente antigo. Referência clara às técnicas de *aiki* pode ser encontrada na narrativa do *Kojiki*, do século VIII, um dos textos mais antigos do Japão, que inclui a fábula de Take-mi-kazichi-no-kami e Take-mi-nakata-no kami. Esses dois deuses xintoístas eram ambos conhecidos pela sua tremenda força e um dia o inevitável combate entre os dois aconteceu. Quando Take-mi-nakata segurou o pulso de Take-mi-kazuchi, o braço de Take-mi-kazuchi se transformou num pilar de gelo e em seguida numa lâmina de espada, levando Take-mi-nakata a recuar espantado. Quando Take-mi-kazuchi segurou o pulso de seu oponente, o esmagou como se fosse uma planta, o que causou a derrota de Take-mi-nakata e o fez fugir aterrorizado. Similarmente, mestres de *aiki* sabem como transformar seus braços em bastões de aço e suas mãos em lâminas de espada; também são capazes de aplicar técnicas como *yonka-jô* para esmagar o pulso do oponente.

O conceito de *ki* (energia vital) é conhecido dos estudantes do "Ch'i Kung" chinês, que chamam essa mesma energia de *ch'i* ou *qi*. Em cada cultura há uma palavra semelhante para o princípio harmônico da energia universal que anima toda a existência ou força vibrante que ativa a vida. Na Roma antiga, era a *aura*; na Índia, era o *prana*; no Japão, antes da Segunda Guerra Mundial, era o *reiki* ou *reishi*. Acredita-se que xamãs e médiuns são particularmente sensitivos ao fluxo do *ki*. Em sua forma concentrada, o *ki* pode ser interpretado como luz, o que explica por que os santos e visionários como Buda ou Cristo são quase sempre representados com auréolas; a luz divina pode até ser visualizada se possuirmos certo grau de percepção.

Esse tipo de percepção não é simplesmente um caso de se conhecer uma pessoa observando-a de perto em suas ações, ouvindo suas palavras, deixando que suas características tomem conta de você; na verdade, é um sentimento verdadeiro e direto do *ki*. Mestres que possuem uma verdadeira compreensão do *ki* podem atingir estados em que poderiam até curar pessoas com doenças mentais e físicas, exorcizar espíritos malévolos, comunicar-se telepaticamente ou, no mundo das artes marciais, levar ao chão um oponente sem ao menos tocá-lo.

E somando-se a tudo isso, o *ki* tem o poder de tranqüilizar. No capítulo do *Kojiki*, o Imperador Sujin declara, "O espírito divino (*shinki*) não surgirá para prejudicá-lo e a terra se tornará tranqüila", e no *Nikon Shoki* encontramos: "Alcance o espírito divino e tudo se curvará diante de ti." A passagem seguinte é extraída do *Shin'ihô*, um antigo texto sobre a medicina japonesa compilado por Tamba no Yasuyori (912-995):

> *Dentro do corpo humano, os elementos celestes do fogo,* ki, *terra e água, funcionam juntos harmoniosamente. Qualquer distúrbio nessa harmonia é chamado de "doença". As oito maneiras e métodos para se restaurar esse equilíbrio são chamados de "medicina". Todas as curas iniciam-se com a harmonização do* ki *da água e do* ki *do fogo.*

A importância do *ki* sempre é enfatizada na filosofia Chinesa. O *Pao-P'u-Tzu* (conhecido em japonês como *Hôbokushi*), um texto da coleção taoísta do século VII, diz:

O ki *está dentro e fora de cada ser humano, e não há nada tanto no céu como na terra que não possua o* ki.

O *ki* é a base da criação e o fator determinante da existência. Sem o *ki*, não pode existir a vida.

Para se obter a imortalidade, um adepto deve valorizar o fluido essencial do seu corpo, refinar seu ki *e servir-se de elixires.*

De acordo com o *Pao-P'u-Tzu*, o refinamento do *ki* é uma das três pré-condições para a imortalidade. O refinamento do *ki* (que inclui técnicas de controle da respiração), permite que o adepto se sobressaia a todas as enfermidades, que se dome animais selvagens, que se ande sobre as águas e que se tenha maior longevidade.

O estudo e prática do *ki* sempre foi importante na cultura asiática. Mais especificamente no Xintoísmo japonês, muitas práticas esotéricas vindas de épocas longínquas são traçadas para a iluminação dos seres humanos na verdadeira forma do *ki*, para a maneira na qual o *ki* trabalha em todo o universo e da maneira que seu poder pode ser aproveitado.

No início do *Kojiki*, as duas divindades da criação, Takami-musubi (representando o princípio do yang) e Kami-musubi (representando o princípio do yin), usam o maravilhoso poder do *musubi* (energia criativa) para dar vida ao mundo. Assim também o funcionamento do *musubi* pode ser visto nas técnicas de *aiki*, nas quais um se une com o *ki* do outro parceiro, ou tenta unir o seu próprio *ki* com o *ki* universal. No Xintô, *ki no musubi* é a força geradora de toda a vida; nas artes marciais com *aiki*, é a origem de uma variedade de técnicas. Mesmo sem o conhecimento da maioria das técnicas de artes marciais, uma pessoa ainda pode conseguir se evadir de um ataque ou de alguém que o segura, vindo de qualquer direção, se ela for iluminada pelos princípios da união do *ki*.

O refinamento do *ki* e o proveito do poder criativo de *musubi* não são apenas para magos taoístas e sábios xintoístas, mas são fatores chave para o treinamento das artes marciais. A respiração que não for suave e controlada surte um efeito adverso ao corpo e à mente; ao contrário, um bom controle respiratório aumenta consideravelmente a força comum. O controle da respiração é uma condição imprescindível para se dominar as artes marciais; todos os praticantes sérios fazem exercícios para o controle da respiração diariamente. Nos sistemas *aiki-budô* como o Daitoryu, o movimento das mãos, para cima e para baixo, para dentro e para fora, sempre requer e incorpora a aplicação do controle da respiração; uma definição clara e a compreensão desses princípios é essencial para o desenvolvimento do poder do *ki*.

Numa verdadeira experiência espiritual, o controle do *ki* e do *musubi* permite que o praticante perceba a verdadeira natureza da existência e funcionamento do universo; somente aqueles com essa profunda percepção serão capazes de aproveitar a força do *ki* universal. Ao dominar esse poder espiritual, dizem que magos taoístas, os mestres tântricos e os sábios xintoístas são capazes de proteger os seres humanos das catástrofes naturais, curar os doentes, produzir pílulas de imortalidade, criar a felicidade para todos e pacificar a Terra.

No Tantrismo e no Yôga, vários *mudra* (sinais feitos com as mãos) e *asana* (posturas do Yôga) são usados para utilização da energia universal. Também no *aiki budô* várias técnicas internas e externas

Mudra Chinkon.

são utilizadas para o desenvolvimento do poder do *ki*. Para se utilizar o *ki*, é preciso compreender alguns princípios e formas específicas; quando os verdadeiros princípios e suas manifestações físicas são experimentados, os movimentos podem ser transformados, levando a uma eventual integração do corpo e da mente, ou do ser com o cosmos. Por exemplo, na técnica de *aiki-age* (levantando o oponente acima do chão para tirar-lhe o equilíbrio), o simples ato de se formar o *mudra chinkon* e de se acalmar o espírito faz com que se torne mais fácil executar bem a técnica. É claro que formar o *mudra* por si só não garante a inteira geração do poder do *ki*, mas torna mais fácil se concentrar e direcionar a energia.

Atualmente, praticantes de artes marciais relacionadas com o *aiki* freqüentemente falam sobre "derrubar um oponente com o *aiki*" ou "utilizar o *aiki* para imobilizar o oponente", mas cada sistema marcial enfatiza um aspecto da luta refletido nos diferentes métodos teóricos e técnicos aplicados. Um dos enfoques mais comuns nos sistemas marciais com *aiki* é o princípio de se "utilizar técnicas que neutralizam a força do oponente". Ao se aplicar essas técnicas, praticantes de *aiki*, sejam eles homens, mulheres ou crianças, podem se sobrepor à força de um oponente muito mais forte do que eles.

Outro enfoque é baseado no princípio de "envolver o seu *ki* com o do seu oponente e ligar-se ao cosmos". A execução correta dessas técnicas avançadas requer um alto nível de inspiração mas, uma vez dominadas, essas técnicas maravilhosas permitem que o ser humano desarme seus inimigos e elimine a agressão, algumas vezes até em escala universal. A questão dos princípios da harmonia cósmica e do desejo da paz mundial estarem implícitos nos ensinamentos do Daitoryu continua sendo um assunto ainda a ser debatido, mas Morihei Ueshiba, fortemente influenciado pelos ensinamentos espirituais da seita Oomoto-kyô do Xintô, fez da busca pela paz mundial o pilar central do Aikido.

Nas artes marciais, o *aiki* existe simultaneamente com o *kiai*. O termo *kiai* é explicado freqüentemente e usado de várias formas, mas pode geralmente significar estar inspirado para agir com o *ki*; todos os sistemas enfatizam a sua importância. (*Kiai* pode ser tanto o estado mental quanto a forma física, manifestada como um grito com espírito.) Costuma-se dizer que, com um bom *kiai*, um levantador de pesos pode aumentar o limite do que consegue levantar em até quinze por cento.

O renomado mestre de Kendô Sasaburô Takano escreveu certa vez:

O kiai *deve ser aprimorado sempre. O aprimoramento do* kiai *é o aprimoramento do espírito. O* kiai *é a harmonização de um* ki *com outro* ki, *a união de duas forças espirituais. Usa o* ki *para atingir o* ki.

Qualquer pessoa que realmente aprenda esse princípio será capaz de controlar um oponente sem ao menos tocá-lo, e existiram mestres nas artes marcias que possuíam essa espantosa habilidade. Sua compreensão e domínio do *ki* permitiu que eles atingissem um plano espiritual mais elevado. *

---

* Esta foi a genialidade de Morihei Ueshiba, que soube usar as técnicas do Daitoryu como um caminho de iluminação espiritual. Mas, para funcionar com este propósito, as técnicas têm que usar o princípio do "aiki". Se apenas executarmos os movimentos de forma coreografada, não atingiremos os propósitos desta arte (nota do supervisor da tradução).

Métodos Básicos de Treinamento

Formas em Pé e Sentado

No treinamento de uma técnica, a ação se dá em torno de um *uke* (pessoa que inicia o ataque e que recebe uma resposta) e um *tori* (que reage a um ataque e o neutraliza). Uma técnica pode ser praticada em qualquer uma das três seguintes formas: com ambos os parceiros em pé; com um parceiro sentado e um em pé; ou com ambos sentados. A mesma técnica é executada de maneira diferente em cada uma dessas formas, e é muito bom praticar nas três formas para cada técnica. Todas as técnicas apresentadas neste livro podem ser praticadas em qualquer uma das três formas, o que triplica o número de técnicas possíveis.

Cada forma apresenta um desafio diferente no que diz respeito ao *ma-ai* (distância de combate entre o *uke* e o *tori*), e cada sistema de arte marcial relacionado ao *aiki* explica esses desafios e descreve a execução da técnica de maneira diferente; e sendo assim, não existe uma forma pré-determinada.

O Aiki Jujutsu, como qualquer outra arte marcial tradicional japonesa, não enfatiza muito a importância do *kamae* (posição de combate); no entanto, na maioria dos sistemas de artes marciais relacionadas com o *aiki*, manter uma boa postura é a chave para a execução correta das técnicas. Conseguir uma boa postura requer um número considerável de tentativas e erros, mas as técnicas não podem ser executadas sem ela. No geral, o método do Daitoryu Jujutsu enfatiza a estabilidade, a aplicação de toda a força e largos movimentos de pernas, enquanto que nos sistemas de Aiki no Jujutsu se baseiam menos na força física e mais na sincronicidade e em passos menores.

Uma boa distância de combate é aquela que permite a você se defender do ataque do seu oponente enquanto aplica o seu movimento. Novamente, esse conhecimento só pode ser adquirido com experiências práticas, treinando com pessoas altas ou baixas, contra ataques com e sem armas e contra socos e chutes.

As três formas nas quais cada técnica pode ser praticada.

Vamos analisar as características especiais de cada uma das três formas. Nas técnicas sentadas, a postura básica é a de *seiza* (sentado com as costas em ângulo reto), o que a torna mais sólida e estável. A porção do corpo abaixo da cintura está firmemente enraizada no chão, enquanto que a parte superior pode ser projetada para cima com muita potência. Os movimentos das técnicas sentadas são complementados pelo "andar com os joelhos", um exercício que aumenta sensivelmente a força e a flexibilidade das pernas e quadris. Nas técnicas em pé, aprendemos a nos movimentar livremente em qualquer direção, para a frente, para os lados, para trás, e a guiar o oponente. Nas técnicas nas quais um está sentado e o outro em pé, combina-se a solidez das técnicas sentadas com a flexibilidade das técnicas em pé. As técnicas nessa forma vão desde o céu até a terra. Tem-se a impressão de que o parceiro em pé tem uma vantagem maior quando ele ataca com golpe dirigido à cabeça ou tenta agarrar com as duas mãos; quando na verdade o parceiro que está sentado pode neutralizar o ataque com relativa facilidade apenas mantendo uma boa postura e usando movimentos simples. A prática de técnicas com um parceiro sentado e outro em pé como *shiho-nage* e *aiki-nage* são de muito valor para principiantes, pois ensinam como manter uma boa postura e a executar movimentos sólidos.

Os Três Métodos:
Daitoryu Jujutsu, Daitoryu Aiki Jujutsu e Daitoryu Aiki no Jutsu

Assim como a mesma técnica pode ser praticada de três formas, em pé, um sentado e um em pé e ambos sentados, existem três métodos diferentes de aplicação das técnicas e de controle de um oponente; o método do Daitoryu Jujutsu, que se baseia primariamente no *atemi* (golpes ou chutes a qualquer parte vulnerável do corpo); o Daitoryu Aiki Jujutsu, método que combina o *atemi* com o timing do *aiki*; e o método do Daitoryu Aiki no Justu, que se baseia quase que por inteiro no timing do *aiki*.

O Daitoryu Jujutsu é dirigido a praticantes mais jovens. O *atemi* é aplicado com força total e as juntas são atacadas com vigor simples e direto. Essas técnicas são melhores para treinos básicos. As técnicas de Daitoryu Aiki Jujutsu, combinando *atemi* e o timing do *aiki*, são adequadas para praticantes mais velhos. A ênfase no controle devastador de um oponente é menor, e é maior nas complicadas imobilizações que alongam as juntas e os membros, como um Yôga marcial. Em contraste com os contra-ataques incisivos e as imobilizações firmes dos dois primeiros métodos, as técnicas do Daitoryu Aiki no Jutsu reduzem os movimentos ao mínimo e controlam o oponente mais com a força espiritual do que com a força física. Essa é a essência do Daitoryu. Técnicas como o *aiki-age* são especialmente eficientes na ajuda do desenvolvimento da técnica dos praticantes nessa área.

Vamos analisar o *ippon-dori*, a mais básica das técnicas, executada em cada um dos três métodos.

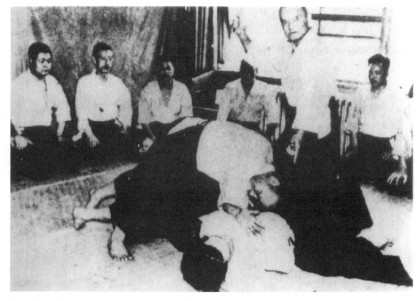

Essa foto de 1936 mostra Sokaku Takeda após arremessar ao chão vários oponentes.

MÉTODOS BÁSICOS DE TREINAMENTO

Daitoryu Jujutsu
Ippon-dori

Assim que o *uke* ataca com a mão direita, o *tori* responde agarrando os pontos de pressão *kyokuchi* e *shôkai* próximo ao cotovelo de seu oponente e os pontos de pressão *yôkei* e *yôroku* próximos ao pulso. Após torcer o braço do *uke*, o *tori* atinge as costelas do *uke* com o punho esquerdo e em seguida atinge com um chute no mesmo local. *Tori* leva o *uke* ao chão com a face para baixo, imobiliza o braço direito do *uke* com a perna, e o atinge com o cotovelo no ponto de pressão *godenkô*, na nuca. Como pode ser visto aqui, o *jujutsu* envolve um uso muito grande de força para atacar o ponto fraco de um oponente e dominá-lo com golpes e imobilizações.

25

Daitoryu Aiki Jujutsu *Ippon-dori*

Assim que o *uke* atacar com a mão direita, o *tori* avança com a perna esquerda e bloqueia o ataque com a mão direita, simultaneamente aplicando um *atemi* nas costelas do *uke*. O *tori* segura o pulso e o cotovelo do *uke* e leva o braço de volta em direção ao rosto do *uke*. Então o *tori* avança com a perna direita e, controlando o cotovelo, leva o *uke* ao chão.

Daitoryu Aiki no Jutsu *Ippon-dori*

Assim que o *uke* ataca com a mão direita, o *tori* levanta-se em *aiki-age*, agarra o braço do *uke* por baixo do pulso e o traz para o chão em frente ao *hara* (centro de gravidade) do *tori*. Note que, na execução dessa técnica, o movimento do *tori* é quase mínimo, e o modo de segurar o pulso do *uke* é diferente do utilizado nos dois métodos mencionados. Os praticantes devem ter consciência da diferença dos princípios trabalhados em cada forma.

Métodos Básicos de Treinamento Utilizando Técnicas Específicas

Todo tipo de arte marcial enfatiza o desenvolvimento da força do braço e do cotovelo e movimentos de finalização fortes. No Daitoryu, a estabilidade dos quadris e pernas e a boa postura são também muito importantes. Na época medieval, muitas batalhas foram conduzidas a cavalo, e guerreiros de alto escalão tinham que ter capacidade para usar ambas as mãos e pernas em igual condição, para controlar o cavalo e manejar uma arma simultaneamente. Era notório que os samurai do domínio Aizu eram especialmente bons em incorporar os movimentos da vida cotidiana no castelo, sentando, ficando em pé, andando em direção ao seu treinamento de arte marcial.

A postura básica no Daitoryu é a "postura de se andar a cavalo", com o corpo virado para a frente, pés afastados e braços nos lados, como se estivesse andando a cavalo em uma batalha. Essa postura é cômoda, natural e estabilizada, normalmente também aplicada nas artes marciais chinesas, onde se diz que ela ajuda a liberar a fluidez do *ki*.

Os métodos básicos de treinamento a seguir são excelentes para facilitar o uso completo das mãos quando nos movemos, e para ajudar a melhorar a estabilidade dos quadris e pernas. Outras técnicas básicas, como o *ikka-jô, nika-jô, sanka-jô, kote-gaeshi* e *shihô-nage* são diferentes em detalhes, mas operam baseados nos mesmos princípios fundamentais.

Treinamento Básico Utilizando *Irimi-nage*

O *tori* em pé, com *hanmi* direito e ambas as mãos estendidas. *Uke* segura firmemente o braço direito do *tori* com as duas mãos. *Tori* anda para a frente, primeiro com a perna direita e depois com a esquerda e relaxa seus ombros, mantendo a cabeça e os ombros eretos. Em seguida, o *tori* gira 180 graus com o pé direito, passando o esquerdo ao redor, enquanto segura o cotovelo do *uke*. Após plantar ambos os pés firmemente no chão, o *tori* solta a pegada no braço do *uke*, segura a cabeça do *uke* com a mão esquerda e mantém a postura ereta. O *tori* levanta o braço direito, envolvendo a cabeça do *uke* em seus braços, e avança fortemente atrás do *uke*, levando para baixo o braço direito para finalizar o arremesso.

MÉTODOS BÁSICOS DE TREINAMENTO

Treinamento Básico Utilizando *Yonka-jô*

O *tori* em pé em *hanmi* direito com ambas as mãos estendidas. O *uke* segura firmemente o braço direito do *tori* com ambas as mãos. O *tori* avança para a frente com a perna direita, levantando a mão direita com um movimento espiral, e em seguida gira 180 graus com o pé direito, para alinhar-se ao lado direito do *uke*. O *tori* gira a mão para livrar-se das mãos do *uke* que o seguram, virando a palma da mão do *uke* para fora. O *tori* aplica o *yonka-jô*, alinha os pés e dá um passo à frente com a perna direita, ao mesmo tempo que corta para baixo com ambas as mãos, aplicando pressão ao pulso do *uke* com a mão direita, para trazê-lo ao chão e imobilizá-lo. (Manter o braço do *uke* levemente fora do chão neste ponto seria mais eficiente.)

MÉTODOS BÁSICOS DE TREINAMENTO

Treinamento Básico Utilizando *Shihô-nage*

O *tori* em pé em *hanmi* direito com ambas as mãos estendidas. O *uke* segura ambos os pulsos do *tori*. O *tori* direciona seus pés diagonalmente para a direita e abre os dedos, mantendo as mãos diretamente em frente de seu próprio centro. O *tori* então anda com a perna esquerda, levantando as mãos bem acima da cabeça; o *uke* segue o movimento, o que o traz costa a costa com o *tori*. O *tori* conduz ambos os braços para baixo, fazendo com que o *uke* "flutue" sobre os dedos dos pés, olhando para a direção oposta. O *tori* reassume uma postura equilibrada em *hanmi* direito.

31

Aiki Jûmon e o Arremesso das Oito Direções

Organizei as técnicas *aiki* em dez dimensões diferentes (*jûmon*). Neste ponto, eu gostaria de discutir duas das principais dimensões: *aiki age* (também chamada de "movimento do fogo do dragão") e *aiki-sage* ("movimento do dragão da água").

Minha abordagem do Daitoryu incorpora o ensinamento secreto do "movimento imóvel" (*fudô no dô*). "Imóvel" aqui se refere à idéia de se estar "firmemente centrado" ou "seguramente posicionado", um estado no qual é possível mover todos os outros elementos. O termo "imóvel" também pode significar "não perturbado", ou manter-se imutável em relação às condições externas, e mesmo assim sendo capaz de assimilar qualquer ataque. Mas não importa o quanto uma técnica seja bem explicada, a verdadeira assimilação somente virá de experiências práticas e de instrução direta.

O segredo do *aiki-age* é o *fudô daiji*: manter os polegares como ponto de foco imutável; os pulsos, braços e ombros são direcionados para cima, em movimento circular, a fim de fazer o oponente ficar na ponta dos pés, levando-o a perder o equilíbrio. O segredo do *aiki-sage* é o *fudô shôji*: nesta técnica, os dedos mínimos formam o centro imóvel e os pulsos, braços e ombros viram-se para baixo num movimento circular até que o equilíbrio do oponente seja quebrado.

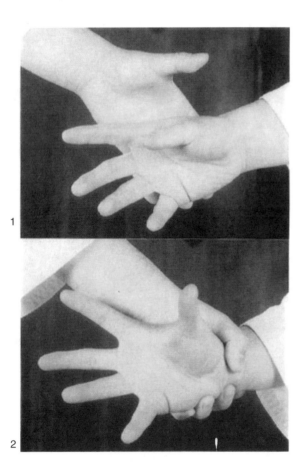
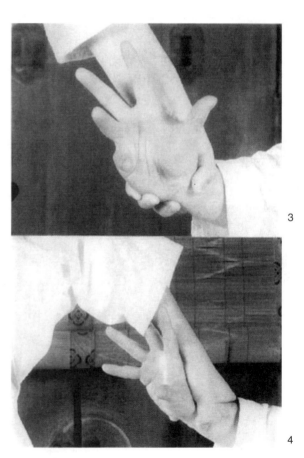

Aiki-age: Quando o *uke* segura o pulso do *tori*, o *tori* abre os dedos fazendo com que sua mão pareça uma flor completamente desabrochada. Mantendo o polegar imóvel, o *tori* gira o pulso e o cotovelo para cima, tirando o equilíbrio do *uke*.

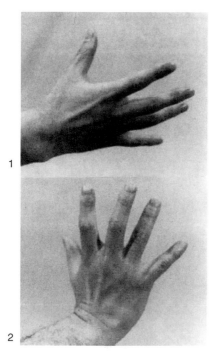
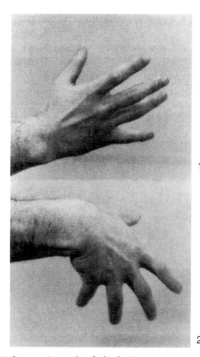

Aiki-age (usando *fudô daiji*)   *Aiki-sage* (usando *fudô shôji*)

Um exercício prático nesses dois princípios é o "arremesso nas oito direções" (*happô*), também conhecido como "arremesso do fogo do dragão nas oito direções" (*karyû happô*). Inicie colocando-se sentado em direção ao sul pois o *I Ching* diz "Os reis olham para o sul", e os templos japoneses tipicamente apontam em direção ao sul, e faça seu oponente, que está em pé, segurar suas duas mãos:

1. O primeiro arremesso (*karyû gonhô*) é diagonalmente para o nordeste, onde se localiza o "portão do demônio", onde os eventos se originam, de acordo com a crença popular japonesa. Esse arremesso também simboliza a dispersão do mal.
2. O segundo arremesso (*karyû kenhô*) é diagonalmente para o noroeste.
3. O terceiro arremesso (*karyû sonhô*) é diagonalmente para o sudeste.
4. O quarto arremesso (*karyû konhô*) é diagonalmente para o sudoeste.
5. O quinto arremesso (*karyû kanhô*) é diretamente para o norte.
6. O sexto arremesso (*karyû rihô*) é diretamente para o sul.
7. O sétimo arremesso (*karyû shinhô*) é lateral para o leste.
8. O oitavo arremesso (*karyû dahô*) é lateral para o oeste.

Essa técnica também pode ser executada com ambos os parceiros em pé e ser finalizada com uma imobilização, mas essa variação é uma parte separada das técnicas *aiki*.

Karyû happô

1 - Karyû gonhô

2 - Karyû kenhô

3 - Karyû sonhô

4 - Karyû konhô

Karyû happô

5 - Karyû kanhô

6 - Karyû rihô

MÉTODOS BÁSICOS DE TREINAMENTO

7 - *Karyû shinhô*

8 - *Karyû dahô*

37

O Espírito do Aiki

IKI, a arte de anular a força de um oponente, pode ser demonstrada de várias maneiras diferentes, com diversos graus de precisão. Entretanto, a concepção total de todas as suas dimensões sutis é rara, devido à complexidade das dimensões espiritual, psicológica e física que o *aiki* engloba.

A dimensão espiritual do *aiki* envolve um número de fatores: poder de sugestão, psicologia e suscetibilidade. Por exemplo, pode ser possível executar uma técnica em certo *dojô* (local de treinamento) por seus praticantes estarem acostumados a esse tipo de treinamento e são suscetíveis aos efeitos da aparência dessa técnica, um tipo de hipnose em massa. Em outro *dojô*, a mesma técnica pode ser completamente ineficiente. É inegável que algumas pessoas são mais sugestionáveis do que outras, e um instrutor carismático, que consiga interpretar bem essa sensibilidade, pode executar façanhas que parecem ser espantosas, como levar um atacante ao chão sem ao menos tocá-lo, ou permanecer imóvel enquanto várias pessoas o empurram. A relação entre o poder de sugestão e o verdadeiro poder mental em *aiki* é muito complexo, e não é fácil achar a diferença entre os dois.

Boa técnica de *aiki* é baseada na sabedoria de como o corpo responde a certos movimentos e graus de pressão. É fácil de se perceber que ombros relaxados e braços levemente arqueados geram mais poder do que ombros tensos e braços esticados, que o uso econômico de força física nos leva mais longe. Uma outra forma de *aiki* fisiológico, *kaishô no den* (simplesmente abrindo os dedos amplamente quando se é segurado), torna mais fácil controlar um ataque. Outra forma é o *atemi* (golpes). Esse tipo de golpe é dado com a mão inteira, mas é precedido do toque de um dedo. Devido ao fato de o oponente reagir inconscientemente ao toque do dedo, ele então sente um único e leve golpe de *atemi* em seu corpo todo. Esse tipo de *aiki atemi* também é uma das técnicas secretas do Kung Fu chinês, ensinado somente aos praticantes mais velhos, e também tem sido aplicado em diversos sistemas de artes marciais japonesas tradicionais.

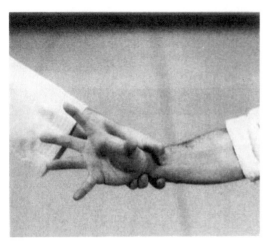

Kaishô no den
Abrindo os dedos amplamente em resposta quando um oponente segura o seu pulso.

O *aiki* inclui muitas técnicas que funcionam com o princípio da roldana. Uma roldana pode mudar tanto a direção quanto a intensidade de uma força, utilizando-se do princípio da resistência zero. Mesmo com um pequeno movimento, uma roldana torna possível mover um grande objeto. Igualmente, quando um oponente segura o seu pulso, você pode mover outra parte do seu braço (o cotovelo, por exemplo), em vez de mover o pulso você o utiliza como uma "roldana fixa" e apresenta um contra-ataque mais forte. No entanto, se o oponente empurra ou puxa, ou tem uma pegada muito forte, esse princípio não funciona bem. Nesses casos, um movimento circular mais amplo com o corpo, como o movimento circular *en no sabaki* (fazendo um pé como pivô e girando amplamente com o outro, num movimento como se estivesse varrendo) utilizado no estilo Ueshiba de Aikido, pode ser muito eficiente. Novamente, os princípios mais importantes são a não-existência e o redirecionamento de uma força.

Em termos práticos, nós utilizamos as técnicas de *aiki-age* e de *aiki-sage*. Quando um oponente segura o seu pulso, abra os dedos com uma certa força, mas mantenha o restante do braço relaxado. Se o seu braço todo estiver tenso, você não conseguirá reagir a empurrões e puxões repentinos. Ou seja, mantenha a calma, relaxe e abandone totalmente todo o uso de força desnecessária.

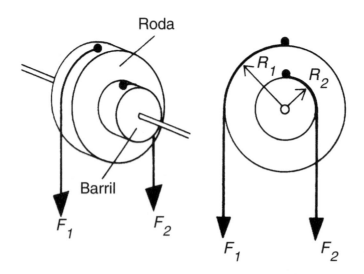

O princípio da roldana.

PARTE

II

TÉCNICAS

Técnicas Básicas

Ikka-jô

O *uke* ataca a cabeça do *tori* com a mão direita. O *tori* se levanta com o movimento do dragão de fogo (*aiki age*), bloqueia o ataque, segura o braço do *uke* no pulso e no cotovelo, levando o braço do *uke* para trás da cabeça do *uke*. (Neste movimento, chamado de *fûkaku den*, cada técnica deve originar-se de uma linha centralizada e direta, similar à linha de um aparelho de nível de construção.) O *tori* avança, primeiro com o joelho esquerdo e depois levemente com o joelho direito para levar o *uke* ao chão, com o rosto para baixo. O *uke* é imobilizado no cotovelo com o braço ou, como é visto na Variação, com o joelho. Note que, na Variação, o *tori* tem o pé direito sob a mão esquerda do *uke*.

1   2

3

4

5

Variação

1   2

Fûkaku den

Esse movimento envolve levar o oponente para baixo, atacando o seu centro. Segure o seu braço pelo cotovelo e empurre-o (seja o cotovelo dobrado ou reto) em direção à sua orelha ou nariz.

Nikka-jô

O *uke* segura a gola do *tori*. O *tori* atinge com *atemi* o rosto do *uke*, avança levantando o joelho esquerdo (com a perna direita em ângulo reto) e segura a mão e o pulso do *uke* na chave de *nikka-jô,* como é demonstrado, aplicando a pressão como se estivesse cortando através do centro do *uke*, para trazer o *uke* para o chão (este último movimento é outro exemplo de *fûkaku den*). A imobilização pode ser completada como na Variação demonstrada aqui.

Sanka-jô

O *tori* ataca em direção à cabeça do *uke*, forçando o *uke* a bloquear o ataque com a mão direita. O *tori* agarra os dedos do *uke* e os leva para baixo até o tatami. O *tori* leva então o braço do *uke* para cima, em frente ao seu próprio rosto, como se estivesse bebendo de um copo (este movimento é chamado de *guinomi kuden*). Em seguida, o *tori* troca as mãos para segurar a mão direita do *uke* com a mão esquerda, suavemente, como se estivesse segurando uma vara de pescar (*tsurizao kuden*, ou chave da "varinha de pescar"). O *tori* leva o *uke* ao chão e completa a imobilização, como na técnica original ou na Variação demonstrada.

TÉCNICAS BÁSICAS

Variação

Guinomi kuden: segure os dedos do seu oponente como na foto, e levante-os, como se estivesse tomando um gole de saquê.

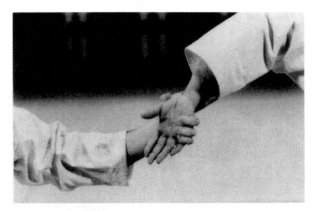

Tsurizao kuden: quando aplicar o *sanka-jô*, segure a mão de seu oponente como na foto, simulando o movimento de uma vara de pescar no momento em que o peixe fisga a isca. Tenha cuidado para não dobrar o braço do oponente tanto no pulso como no cotovelo, pois isso tornaria a imobilização ineficiente.

TÉCNICAS BÁSICAS

Yonka-jô

O *uke* segura o pulso direito do *tori* com a mão direita. *Tori* abre levemente para a sua direita, girando o braço do *uke* com a mão direita, e segura o pulso do *uke* com a mão esquerda, aplicando *yonka-jô* enquanto também executa a imobilização *kannuki kuden*, com as juntas do seu dedo indicador. Ele avança a frente o joelho esquerdo e leva o *uke* ao chão. Existe também uma variação opcional para completar a imobilização.

Variação

Kannuki kuden

Yonka-jô é otimizado juntamente com a imobilização *kannuki kuden*, que envolve manter seu braço esticado, desde o ombro até a ponta do dedo indicador, e então dirigir toda a sua força para o ponto do dedo indicador.

49

AS RAÍZES SECRETAS DO AIKIDO

Goka-jô

O *uke* dá um golpe com a mão direita, em direção ao plexo solar do *tori*. O *tori* sai para o lado, usa a base de sua mão direita para desviar o ataque, e controla o pulso do *uke* segurando como um "anzol de pesca" (*tsuribari kuden*). O *tori* então atinge o rosto do *uke* com *atemi*, aplica a imobilização de *goka-jô* como é mostrado, e em seguida solta sua mão direita e leva o *uke* ao chão, cortando para baixo com a mão esquerda. O *tori* levanta o cotovelo do *uke* com a mão esquerda e imobiliza o *uke* como é mostrado abaixo, com o joelho esquerdo no ombro do *uke* e o joelho direito na mão do *uke*.

Tsuribari kuden

Ao contrário de segurar duramente o pulso de seu oponente, freqüentemente é mais eficiente usar o dedo mínimo e/ou o polegar para criar um "gancho" em sua mão, como mostra a figura acima, e aplicar a imobilização. Esse tipo de pegada como "anzol" também funciona bem com outras técnicas além de *goka-jô*, e é sempre útil tê-lo em mente.

Rokka-jô

O *uke* ataca com *yokomen* (golpe para o lado da cabeça) com a mão direita. O *tori* recebe o golpe com a mão esquerda e, em seguida, muda ambas as mãos para aplicar a pegada de *shihô-nage*. Movimentando o braço em forma de arco, como se estivesse apanhando água de dentro de uma canoa (no movimento conhecido como *funazoko kuden*) o *tori* gira o *uke* na direção oposta, e em seguida o leva para baixo ao chão, aplicando pressão à sua cabeça e ao braço, como na foto. A imobilização final tem uma variação opcional.

Irimi-nage

O *uke* tenta acertar um golpe de *shomen* à cabeça do *uke*. O *tori* avança com a perna esquerda, recebe o golpe com a base da mão direita e avança à direita do *uke*. O *tori* levanta sua mão direita prendendo a cabeça do *uke* com ambos os braços, enquanto pressiona no ponto de pressão *dokko*, na nuca do *uke* (*dokko den*). O *tori* em seguida avança com um passo para a frente com a perna direita, levando o braço direito para baixo em direção ao chão, dando maior eficiência ao arremesso.

Dokko den
Na execução de *irimi-nage*, é importante controlar o corpo todo do seu oponente, e não somente sua cabeça e sua nuca. Pressionando no ponto de pressão *dokko* da nuca, logo abaixo do ouvido, enfraquecerá todo o corpo do *uke*, o que significa que ele poderá ser controlado e arremessado.

TÉCNICAS BÁSICAS

53

Shihô-nage

O *uke* tenta atacar com *yokomen* a cabeça do *tori* com a mão direita. O *tori* avança para a frente com a perna esquerda, e em seguida dá um passo largo para a frente com a perna direita. O *tori* simultaneamente bloqueia o ataque do *uke* e golpeia com um contra-ataque a nuca do *uke*, no estilo *aiki* com duas espadas. Em seguida, o *tori* leva a mão direita para segurar o pulso do *uke* (*myaku-mochi no den*). O *tori* dá um passo à frente com a perna esquerda, levanta as mãos como se estivesse apontando sua espada para o céu e, após firmar o pé esquerdo, gira 180 graus, mantendo o braço do *uke* em frente ao seu próprio centro, enquanto corta para baixo em direção ao chão (*tenchi no den*) para dar eficiência ao arremesso.

1

4

5

2

Princípio de *aiki* com duas espadas (no detalhe).

3

54

TÉCNICAS BÁSICAS

6

7

8

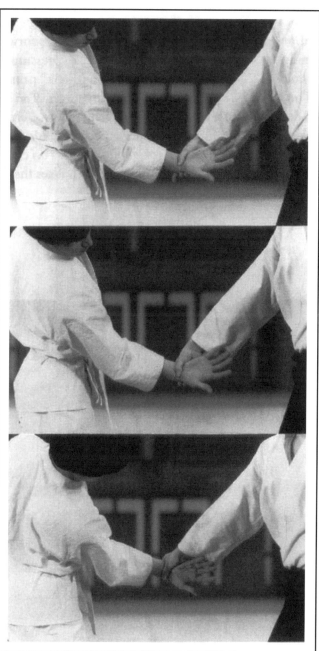

Tenchi no den (detalhe).
Lit., movimento "Céu / Terra". Quando você faz *shihô-nage*, segure a mão do seu oponente com o seu dedo indicador esticado para cima (em direção ao céu). Torça o pulso do seu oponente para fora e conclua com o seu dedo indicador apontando para baixo (em direção à terra). Sua técnica de *shihô-nage* pode se tornar extremamente eficiente se você adicionar *yonka-jô* ao mesmo tempo.

Myaku-mochi no den (detalhe ao lado).
Use o polegar para aplicar pressão ao pulso do seu oponente. Não será eficiente, entretanto, segurar imediatamente a mão do oponente na área do pulso. Pelo contrário, o segredo aqui é, em vez disso, segurar do lado oposto, com o polegar próximo à base do dedo mínimo, e deslizar para baixo em volta do pulso.

Kote-gaeshi

O *uke* tenta atingir com um soco o estômago do *tori* com seu pulso direito. O *tori* avança para a frente com a perna esquerda, segura o braço do *uke* levemente com ambas as mãos e aplica pressão ao cotovelo do *uke* com seus quadris. A pegada na mão do *uke* é baseada no princípio do "anzol de pescar", e o dedo polegar esquerdo do *tori* pressiona o ponto de pressão próximo ao dedo anelar do *uke*. O *tori* gira com o pé direito, atingindo com um *atemi* as costas do *uke* com seu cotovelo. O *tori* então dá um passo à frente com a perna direita, gira os quadris e aplica a chave de *kote-gaeshi*, mantendo as mãos na altura do seu próprio centro para levar o *uke* ao chão, e completa a técnica com a imobilização, como na foto.

Tenchi-nage

O *uke* segura os dois pulsos do *tori*. O *tori* avança para a frente com a perna esquerda e imediatamente executa *aiki-age* com a mão direita e *aiki-sage* com a mão esquerda. O *Tori* dá um passo largo para trás do *uke*, e junta as mãos para completar o arremesso. Se a pegada do *uke* é muito forte e fica difícil de executar o *aiki-age*, aplique o movimento de "yin-yang" (*in'yo no den*). Primeiro, vire a palma para cima (yin) para neutralizar a força do *uke*, e em seguida vire a palma para baixo (yang) levantando o braço, para guiar o *uke* na direção apropriada.

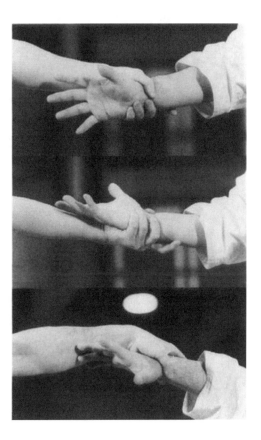

In'yo no den (detalhe).
Quando o oponente segurar a sua mão com muita força e você sentir que não será capaz de fazer *aiki-age*, gire sua mão primeiro com a palma para cima e em seguida para baixo. Dessa maneira, você fará com que a força do seu oponente se disperse e libertará a própria mão para que você controle facilmente o *uke*.

AS RAÍZES SECRETAS DO AIKIDO

Kaiten-nage

O *uke* segura o pulso esquerdo do *tori* com a mão direita. O *tori* avança para a frente com a perna esquerda e entra com *atemi* com a mão direita no rosto do *uke*. O *tori* entra com a perna direita, gira 180 graus, e dá um passo para trás com a perna esquerda, mudando a pegada no pulso do *uke*. *Tori* guia a cabeça do *uke* para baixo com um "toque de pluma" (*umô no den*) com a mão direita, e em seguida anda para a frente para completar o arremesso. Nesta e em várias outras técnicas, um toque leve como uma pluma é mais eficiente do que um puxão brusco e repentino.

Gyakuhiji-nage

O uke golpeia com *yokomen* a cabeça do *tori* com a mão direita. O *tori* se move da mesma maneira como nas técnicas de *shihô-nage*, primeiro contra-atacando no estilo *aiki* com duas espadas, e aplicando uma "pegada no pulso", no pulso direito do *uke*. O *tori* leva o seu cotovelo sob o cotovelo do *uke*, mantendo a palma de sua mão para cima. Em seguida anda para a frente com seu pé esquerdo para completar o arremesso e, nesse momento, gira a mão, com a palma para baixo (esse movimento da mão do *tori* é um exemplo de *in'yô no den*).

Técnicas Intermediárias: Arremessando

Ayate-dori kote-gaeshi

O *uke* segura o pulso direito do *tori* com a mão direita. O *tori* avança com a perna esquerda, aplica a chave de *kote-gaeshi* no pulso do *uke*, desliza ambos os pés diagonalmente para a direita do *uke*, e corta para baixo no pulso do *uke* para um arremesso eficiente.

Sode-tori aiki-nage

O *uke* segura o cotovelo e pulso direito do *tori* por trás e tenta imobilizar o braço do *tori* em suas costas. O *tori* gira os quadris 180 graus para a direita frente a frente com o *uke*. O *tori* então levanta o braço direito em *aiki-age*, empurrando contra o pulso esquerdo do *uke* e controlando seu cotovelo direito, enquanto desliza para a frente com a perna direita, dando eficiência ao arremesso.

Uke imobiliza o braço de *tori* contra suas costas.

TÉCNICAS INTERMEDIÁRIAS: ARREMESSANDO

5

6

7

8

9

63

Kata-dori oni no kubi

O *uke* segura o ombro direito do *tori* com a mão esquerda. O *tori* desliza o braço direito sob o braço do *uke* e pressiona para baixo na junta do cotovelo do *uke,* num movimento circular com a base de sua mão direita. O *tori* gira a mão esticada para fora de maneira que a palma de sua mão esteja para baixo, traz a base de sua mão direita na curvatura do cotovelo do *uke*, e então puxa seus próprios braços firmemente para a sua lateral. O *tori* então segura as mãos do *uke* firmemente e torce, trazendo a cabeça do *uke* para baixo. O *tori* então coloca a mão direita sob o queixo do *uke* e a mão esquerda sobre a nuca do *uke*. Finalmente, o *tori* pressiona a cabeça do *uke* para baixo e gira os quadris bruscamente com precisão, arremessando-o.

TÉCNICAS INTERMEDIÁRIAS: ARREMESSANDO

5

6

7

8

9

10

65

Ryô-eri-dori mute-nage

O *uke* agarra o pescoço do *tori* e aplica um estrangulamento com ambas as mãos. O *tori* atinge com *atemi* o estômago do *uke* com seu punho direito, puxa o seu queixo e avança a cabeça pelo lado esquerdo, entre os braços do *uke*. Em seguida o *tori* gira os quadris e anda com força para a frente com a perna esquerda, arremessando o *uke* diretamente para a frente.

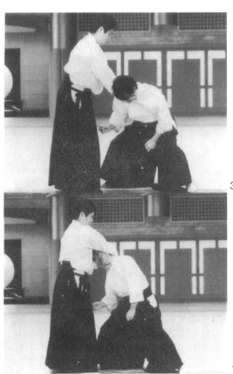

TÉCNICAS INTERMEDIÁRIAS: ARREMESSANDO

67

Shômen-uke aiki-nage (omote)

O *uke* ataca com *shômen* a cabeça do *tori*, com a base de sua mão direita. O *tori* avança rapidamente e bloqueia o ataque antes que o *uke* tenha a chance de completar o golpe. O *tori* então desliza para a frente com o pé que está na frente e retorna o ataque para o *uke*, levando o *uke* a cair para trás.

TÉCNICAS INTERMEDIÁRIAS: ARREMESSANDO

5

7

6

8

69

Shômen-uke aiki-nage (ura)

O *uke* ataca com *shômen* a cabeça do *tori*, com a base de sua mão direita. O *tori* desvia saindo com o pé esquerdo para o lado direito do *uke*, evitando o ataque, e enquanto gira os quadris utiliza a mão direita para aplicar a pegada do "anzol de pescar" (*tsuribari kuden*) no braço do *uke*, antes de arremesar o *uke* com um movimento amplo e arrebatador.

TÉCNICAS INTERMEDIÁRIAS: ARREMESSANDO

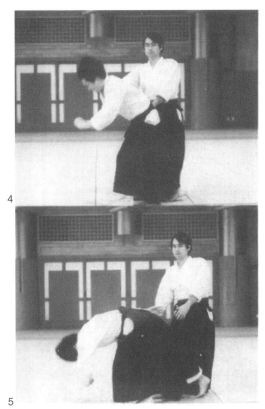

71

Yokomen-uke aiki-nage (omote)

O *uke* ataca com *yokomen* a lateral da cabeça do *tori*, com a base de sua mão direita. O *tori*, saindo diagonalmente, usa a base de sua mão esquerda para parar e redirecionar a força do ataque para a parte de trás do *uke*. O *tori* continua a avançar enquanto corta para baixo, dando eficiência ao arremesso.

TÉCNICAS INTERMEDIÁRIAS: ARREMESSANDO

5

6

7

8

9

73

Yokomen-uke aiki-nage (ura)

O *uke* ataca com *yokomen* a lateral da cabeça do *tori*, com a base de sua mão direita. O *tori* se afasta com sua perna direita e aplica a chave do "anzol de pescar" com a mão esquerda para cortar para baixo o braço de ataque do *uke* e arremessá-lo diretamente para a frente.

TÉCNICAS INTERMEDIÁRIAS: ARREMESSANDO

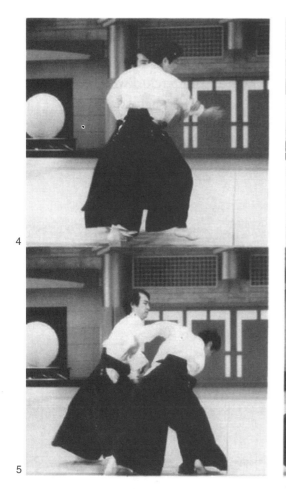

Tsuki-uke ryû no agito

O *uke* ataca em direção ao estômago do *tori* com seu pulso direito. O *tori* desliza para a frente com a perna da frente para evitar o ataque, e gira seu braço direito no sentido anti-horário sob o braço direito do *uke*. O *tori* então avança atacando ao queixo do *uke* com a mão direita, dá um passo largo com a perna direita e o empurra para baixo, para completar o arremesso.

TÉCNICAS INTERMEDIÁRIAS: ARREMESSANDO

5

6

7

8

9

Tsuki-uke gyakuhiji-nage

O *uke* ataca em direção ao estômago do *tori* com seu punho direito. O *tori* desliza para a frente com o pé da frente para evitar o ataque, segura o braço do *uke* e posiciona seu cotovelo esquerdo sob o cotovelo do *uke*. O *tori* gira com a perna direita e empurra o braço do *uke* para baixo, dando assim mais eficiência ao arremesso.

TÉCNICAS INTERMEDIÁRIAS: ARREMESSANDO

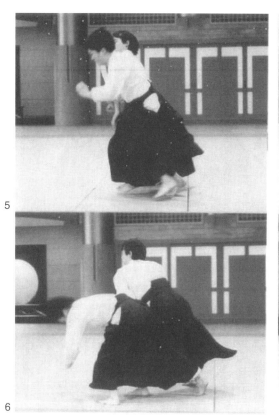

5

7

6

8

9

Tsuki-uke oguruma-nage

O *uke* ataca em direção ao estômago do *tori* com seu punho direito. O *tori* desliza levemente para trás para evitar o ataque e agarra o braço com que o *uke* está atacando um pouco acima do pulso. O *tori* levanta o braço do *uke*, desliza sua mão direita entre o cotovelo e o pulso com a chave de *oguruma*, dá um passo com a perna direita e corta com as mãos para o chão, terminando o arremesso.

TÉCNICAS INTERMEDIÁRIAS: ARREMESSANDO

81

Konoha-otoshi (yô)

O *uke* golpeia em direção à nuca do *tori* com a base de sua mão direita. O *tori* gira como pivô para dentro do braço que está atacando e gira a base de sua mão direita no sentido anti-horário em volta do pulso do *uke*. Continuando a girar para dentro, o *tori* segura o pulso direito do *uke* e corta para baixo, arremessando-o.

TÉCNICAS INTERMEDIÁRIAS: ARREMESSANDO

83

Konoha-otoshi (in)

O *uke* tenta segurar a mão direita do *tori* com sua mão direita. O *tori* imediatamente expande seus dedos e coloca a palma da mão direita contra a palma da mão direita do *uke,* direcionando a força do ataque para cima e, depois, para baixo. Em seguida, o *tori* dá um passo para a frente com a perna direita para concluir o arremesso.

TÉCNICAS INTERMEDIÁRIAS: ARREMESSANDO

5

6

7

8

9

Técnicas Intermediárias: Imobilizando

As TÉCNICAS DE IMOBILIZAÇÃO mostradas aqui são uma amostra representativa das técnicas iniciais, intermediárias e avançadas. Muitas dessas técnicas também podem ser executadas como arremessos.

Ryô-eri-dori ryû no agito

O *uke* agarra o pescoço do *tori* com ambas as mãos e aplica um estrangulamento. O *tori* usa a base da mão esquerda para conter o estrangulamento, empurrando o cotovelo esquerdo do *uke* para o lado, e em seguida ataca com a base entre a mão direita e o pulso, o queixo do *uke*. O *tori* avança com sua perna da frente e empurra o *uke* para trás com o braço estendido no queixo.

1   2

Karami-shibori

O uke segura o pulso direito do *tori* com a mão direita e aplica um estrangulamento na nuca do *tori* por trás, com a mão esquerda. O *tori* levanta a mão direita sobre sua cabeça em *aiki-age,* aplica a chave de *sanka-jô* na mão direita do *uke* e corta para baixo, imobilizando o braço do *uke* na forma de uma cruz.

AS RAÍZES SECRETAS DO AIKIDO

Sode-tori kukuri

O *uke* segura a manga esquerda do *tori* com a mão direita. O *tori* suspende o braço esquerdo em *aiki-age*, avança para o lado direito do *uke* e gira, virando a base da sua mão sobre o cotovelo do *uke*. O *uke* é forçado a girar e o *tori* se posiciona atrás das costas do *uke*. Em seguida, o *tori* segura a mão direita do *uke* e o imobiliza sob o seu queixo, como na demonstração.

Sode-tori makihiji

O *uke* segura a manga esquerda do *tori* com a mão direita. O *tori* levanta o braço em *aiki-age* e gira a base de sua mão esquerda no sentido anti-horário, sob o cotovelo direito do *uke*. O *tori* levanta a base de sua mão sob o cotovelo do *uke* desequilibrando-o, e imobiliza o braço direito do *uke* firmemente junto ao seu corpo.

Sode-tori nika-jô-gatame

O *uke* segura a manga direita do *tori* com a mão esquerda. O *tori* gira a base de sua mão direita no sentido anti-horário para o lado de fora do pulso do *uke*, desequilibrando a postura ereta do *uke*. O *tori* então gira a base de sua mão direita sob o cotovelo do *uke* e aplica a chave de *nika-jô*.

AS RAÍZES SECRETAS DO AIKIDO

4

5

6

Karami-gatame

O uke segura o ombro direito do *tori* com a mão esquerda e ataca com a mão direita, em *shômen*, sua cabeça. O *tori* bloqueia o ataque com a base de sua mão direita, cortando para baixo e segurando a mão direita do *uke*. O *tori* segura a mão esquerda do *uke* acima do pulso e a torce. O *tori* então segura o pulso esquerdo do *uke*, girando os quadris e aplica a chave cruzada nos braços do *uke* levando-o para o chão, completando a imobilização, como é demonstrado.

Fûrai

O *uke* segura a mão direita do *tori* com a mão esquerda. O *tori* imediatamente aplica a chave de *yonka-jô* no pulso esquerdo do *uke*, e corta para baixo para levar o *uke* ao chão. O *tori* conclui a imobilização colocando o pé esquerdo na nuca do *uke* e trocando de mãos para imobilizar o braço esquerdo do *uke*.

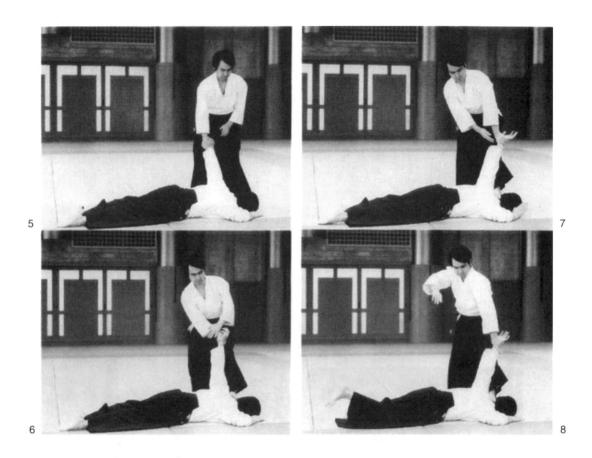

Ushiro-dori hitoe

O *uke* segura os pulsos do *tori* por trás. O *tori* gira os quadris para a direita, segura a mão esquerda do *uke* junto aos seus quadris e levanta o braço direito em *aiki-age*. O *tori* dá um passo largo para trás com a perna direita, segura o pulso do *uke* e levanta o braço do *uke* por cima de sua cabeça. O *uke* é imobilizado em cima da perna direita do *tori*, e a técnica é completada com um *atemi* dirigido ao plexo solar do *uke*.

4

5

6

7

Ayate-dori tenbin

O *uke* segura o pulso direito do *tori* com a mão direita. O *tori* avança diagonalmente para a direita e para a frente com a perna esquerda, enquanto levanta o pulso do *uke* e o coloca sobre o seu ombro, apoiando no cotovelo do *uke*. O *tori* então corta para baixo com a mão direita e levanta o ombro para imobilizar o *uke*.

AS RAÍZES SECRETAS DO AIKIDO

4

5

6

104

Ushiro-dori gyakuhiji-gatame

O *uke* segura os pulsos do *tori* por trás. O *tori* move os quadris para a direita, levanta as mãos em *aiki-age*, entra debaixo dos braços do *uke,* e segura o cotovelo esquerdo do *uke* com a mão direita. O *tori* corta para baixo com força no cotovelo direito do *uke* com a base de sua mão direita e aplica o *nika-jô* no pulso direito do *uke* com a mão esquerda. O *tori* em seguida dá um sobrepasso com o pé da frente e pressiona para baixo os braços do *uke* para completar a imobilização.

AS RAÍZES SECRETAS DO AIKIDO

Futae ude-makura

O *uke* tenta segurar os pulsos do *tori*. Mas, antes que ele o faça, o *tori* segura as costas das mãos do *uke* e avança diretamente para trás do *uke*, trazendo seus braços para cima e para trás. O *tori* imobiliza a cabeça do *uke* junto ao seu joelho esquerdo. Em seguida, o *tori* leva os cotovelos do *uke* para baixo contra ele e solta sua chave, estendendo seus braços para fora em ambos os lados.

Hangetsu-kuzushi

O *uke* tenta segurar os pulsos do *tori*. Mas, antes que ele consiga, o *tori* segura o pulso esquerdo do *uke* com a mão esquerda e o pulso direito do *uke* por cima com a mão direita. O *tori* então avança com a perna esquerda e gira 180 graus. O *tori* estende o braço direito ao máximo e imobiliza o braço esquerdo do *uke* sob o seu queixo.

AS RAÍZES SECRETAS DO AIKIDO

4

5

6

7

8

TÉCNICAS INTERMEDIÁRIAS: IMOBILIZANDO

Toami

O *uke* ataca a cabeça do *tori* como *shômen* com a base de sua mão direita. O *tori* avança com a perna direita, cruza os braços e bloqueia o ataque. O *tori* então corta para baixo com a base de sua mão esquerda e segura o pulso do *uke* com a mão direita. Em seguida, o *tori* avança com a perna esquerda, gira 180 graus e corta para baixo, trazendo o *uke* para o chão. O *tori* então segura o pulso direito do *uke* com ambas as mãos, e aplica pressão no pulso e no cotovelo do *uke* para completar a imobilização.

5

6

7

8

Kusanagi

O *uke* golpeia com *yokomen* à nuca do *tori*. O *tori* dá um passo para fora com sua perna direita e bloqueia o ataque com a base de sua mão esquerda, enquanto aplica um *atemi* na nuca do *uke*. O *tori* então segura o pulso direito do *uke* com a mão direita, avança com a perna esquerda e gira 180 graus. O *tori* segura o pulso direito do *uke* com ambas as mãos, e em seguida puxa o pulso do *uke* diretamente para baixo para levar o *uke* ao chão. O *tori* então aplica pressão com seu dedão do pé no ponto de pressão na parte interna do joelho do *uke*, e completa a imobilização puxando a mão direita do *uke* para cima.

AS RAÍZES SECRETAS DO AIKIDO

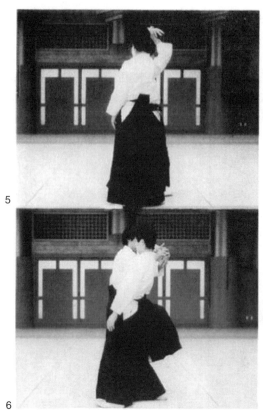

TÉCNICAS INTERMEDIÁRIAS: IMOBILIZANDO

Taizan

O *uke* segura a gola esquerda do *tori* com a mão direita. O *tori* segura o pulso direito do *uke* com a mão direita, sai para a esquerda com o pé da frente e gira 180 graus no sentido horário. O *tori* então corta para baixo em frente ao seu centro para levar o *uke* ao chão e pressiona para baixo no lado direito do *uke* com seu joelho. Ele então coloca o joelho esquerdo no cotovelo direito do *uke* e o joelho direito no tórax do *uke*. Quando a imobilização estiver completa, ele solta ambas as mãos.

AS RAÍZES SECRETAS DO AIKIDO

Kairi

O *uke* golpeia com um soco o estômago do *tori* com seu pulso direito. O *tori* se move em círculo para o lado direito do *uke*, aplica a chave de *kote-gaeshi* no pulso direito do *uke* e gira 180 graus. O *tori* segura o antebraço esquerdo do *uke* e puxa para a frente. Segurando ambos os pulsos do *uke*, o *tori* vai para o chão levando o *uke* com ele. O *tori* completa a imobilização segurando ambos os braços do *uke* entre suas pernas.

AS RAÍZES SECRETAS DO AIKIDO

5
6
7
8
9
10

118

Kamakubi-gatame

O *uke* ataca com *shômen* com a base de sua mão direita. O *tori* se desvia deslizando para fora com sua perna esquerda e bloqueia o ataque com ambas as mãos. O *tori* então segura o pulso do *uke* com a mão direita e o cotovelo esquerdo do *uke* com a mão esquerda, move-se junto ao lado direito do *uke* e rotaciona o braço do *uke* até o nível do peito. Em seguida, o *tori* segura a mão direita do *uke* por baixo com sua mão esquerda e imobiliza o cotovelo do *uke* junto ao seu peito para completar a técnica.

AS RAÍZES SECRETAS DO AIKIDO

5

6

7

8

Kaede-awase

O *uke* segura o pulso direito do *tori* com a mão direita. O *tori* aplica *aiki-age* e corta no sentido para baixo, levando o *uke* ao chão. O *tori* gira a mão direita, posicionando-a palma com palma com a mão do *uke*, e em seguida pressiona para baixo e um pouco para a frente no braço do *uke*, para dar eficiência à imobilização.

4

5

6

Hachiwari

Em pé diagonalmente ao lado direito do *tori*, o *uke* ataca a cabeça do *tori* com a base da mão direita. O *tori* avança com o pé direito, segura o pulso do *uke* com a mão direita e o cotovelo do *uke* com a mão esquerda, e empurra o *uke* para trás e para baixo. O *tori* então desliza seu braço esquerdo sob o braço direito do *uke* e ataca com um *atemi* a nuca do *uke* com a base de sua mão direita. Em seguida, o *tori* pressiona firmemente para baixo a nuca do *uke* com sua mão direita e desliza seu braço esquerdo para dentro para imobilizar ambos os braços do *uke*, como demonstra a figura.

Yumi

O *uke* ataca o estômago do *tori* com um soco, com seu punho direito. O *tori* dá um sobrepasso para fora com sua perna esquerda, segura o pulso direito do *uke* com a mão direita e empurra o queixo do *uke* com a base de sua mão esquerda. O *tori* então puxa o braço direito do *uke* enquanto empurra sua cabeça para trás para alongar o *uke* em forma de arco. O *tori* também pode envolver a nuca do *uke* com seu braço e aplicar um estrangulamento.

AS RAÍZES SECRETAS DO AIKIDO

Hashira-tate

O *uke* segura o pulso direito do *tori* com a mão esquerda. O *tori* aplica *aiki-age* com a mão direita e dá um passo para trás, levando o *uke* para o chão com o rosto para baixo. O *tori* então rotaciona a base de sua mão direita até que a mão esteja palma a palma com a mão esquerda do *uke*. Em seguida, coloca sua perna direita em torno do braço do *uke* que se encontra imobilizado, coloca o pé entre a nuca e o ombro do *uke*, e aplica pressão com seu joelho direito para completar a imobilização.

Tsutakazura

O *uke* golpeia o estômago do *tori* com um chute, com seu pé direito. O *tori* desliza o pé direito para o lado direito do *uke* e agarra a perna que está atacando por baixo, num movimento anti-horário com a base de sua mão direita. O *tori* então imobiliza a perna do *uke* contra seu ombro direito, segura o cotovelo direito do *uke* com a mão esquerda e dá um passo largo com a perna direita, para levar o *uke* ao chão. O *tori* coloca a perna esquerda por cima da perna direita do *uke*, planta seu pé firmemente no chão e usa os braços para torcer a perna do *uke* na direção oposta, dando mais eficiência à imobilização.

AS RAÍZES SECRETAS DO AIKIDO

5
6
7
8

9
10

Kusabi-omoshi

O *uke* segura o pulso esquerdo do *tori* com sua mão direita. O *tori* avança com o pé da frente emitindo um *atemi* ao rosto do *uke*, e gira a mão esquerda para aplicar a chave de *nika-jô* no pulso direito do *uke*. O *tori* então leva o *uke* para o chão com o rosto para baixo, imobiliza o braço direito do *uke* com seu joelho esquerdo e completa a imobilização sentando nas costas do *uke*.

AS RAÍZES SECRETAS DO AIKIDO

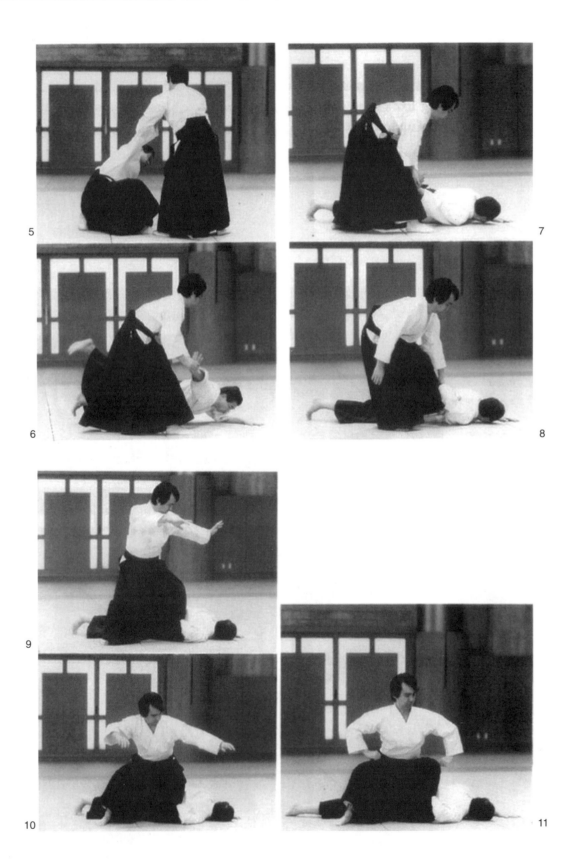

Fukuto

O *uke* segura o pulso do *tori*. O *tori* levanta os braços em *aiki-age* e repentinamente os abre, forçando a cabeça do *uke* para baixo. O *tori* então imobiliza a cabeça do *uke* entre seus joelhos e puxa os braços do *uke* para cima para dar mais eficiência à imobilização.

AS RAÍZES SECRETAS DO AIKIDO

Ura-ageha

O *uke* segura o pulso esquerdo do *tori* com a mão direita. O *uke* aplica a chave de *nika-jô* na mão direita do *tori*. Quando o *uke* soltar a pegada no pulso direito do *tori*, o *tori* puxa a mão direita do *uke* para baixo e, ao mesmo tempo, a torce para fora. O *tori* coloca seu braço esquerdo sob o ombro direito do *uke* e o braço direito do *uke* sobre sua própria mão esquerda, e aplica a chave de *nika-jô*. O *tori* então pressiona sua perna direita contra a cabeça do *uke* e segura a mão direita do *uke* com sua mão direita. O *tori* fica em frente do *uke*, olhando na mesma direção que ele, e alcança por trás os braços do *uke* nas juntas de seus próprios braços, e estende os braços do *uke* para a frente para dar eficiência à imobilização.

AS RAÍZES SECRETAS DO AIKIDO

5
6
7
8
9
10

136

Jôto

O *uke* segura o pulso do *tori*. O *tori* levanta ambos os braços em *aiki-age* e então, de repente, abre seus braços e corta para baixo com eles, forçando a cabeça do *uke* diretamente em direção ao chão. O *tori* segura ambas as palmas das mãos do *uke* e puxa para trás. Para completar a imobilização, o *tori* coloca a perna direita em volta dos braços do *uke* e senta-se nas suas costas.

AS RAÍZES SECRETAS DO AIKIDO

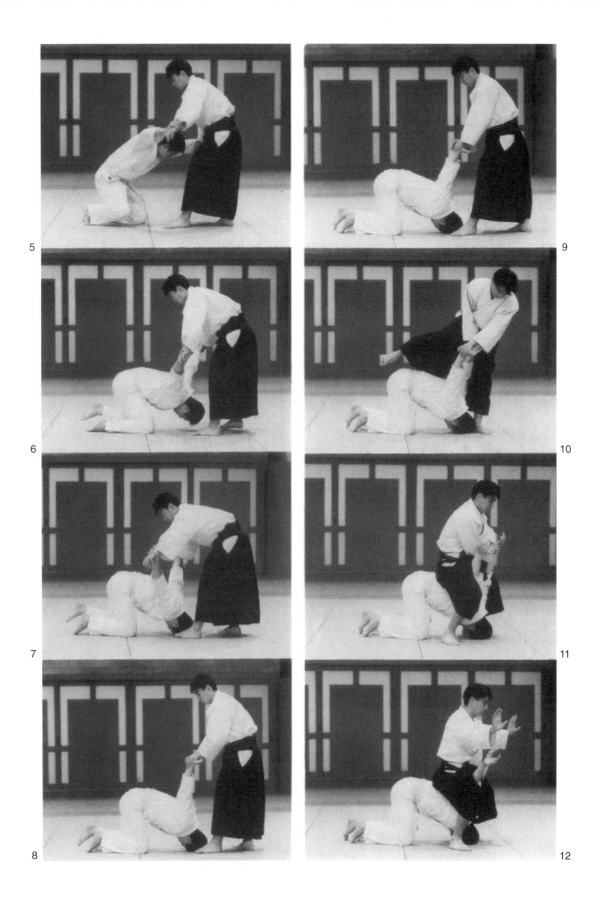

Ashibune

O *uke* ataca com *yokomen* a nuca do *tori*. O *tori* avança com o pé da frente e absorve o ataque do *uke* com a base da mão esquerda, e corta para baixo com a base da mão direita, segurando o pulso direito do *uke*. O *tori* dá um passo à frente do *uke* com sua perna direita, passa o braço direito do *uke* em volta da nuca do *uke* e, com a mão esquerda, segura o pulso do *uke* para criar uma chave de estrangulamento. Em seguida, o *tori* gira os quadris, levando o *uke* ao chão. O *tori* então vira o *uke* com o rosto para baixo, abraça os braços do *uke* ao redor da nuca do *uke* e puxa para trás para completar a imobilização.

AS RAÍZES SECRETAS DO AIKIDO

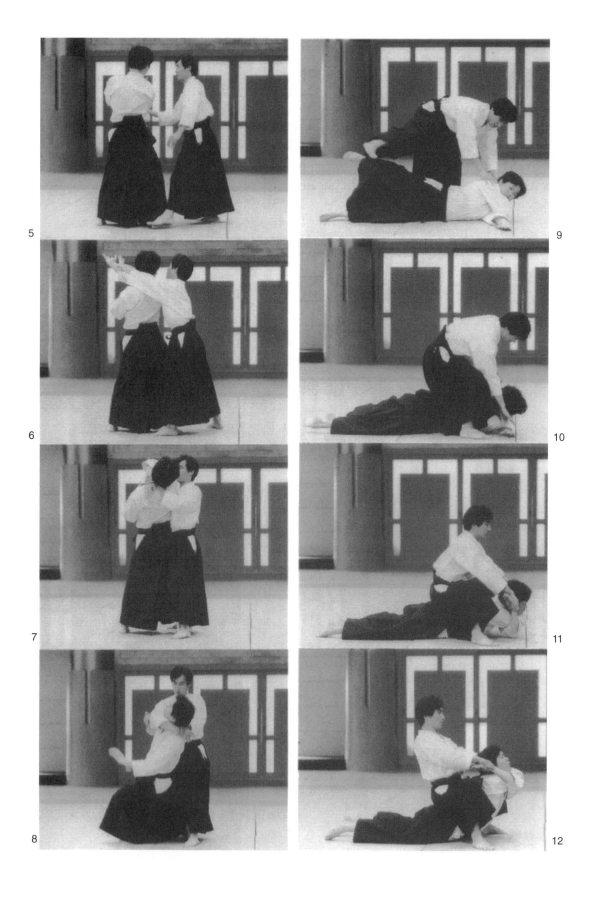

TÉCNICAS INTERMEDIÁRIAS: IMOBILIZANDO

Hokuto

O *uke* segura a gola do *tori* com a mão direita. O *tori* segura a mão do *uke* pelo lado do dedo mínimo com sua mão direita, gira os quadris bruscamente para a frente e aplica a chave de *nika-jô*. O *uke* é levado ao chão de joelhos e coloca a mão esquerda no chão. O *tori* então pisa na mão esquerda do *uke* com o pé direito, troca as mãos, coloca o joelho direito contra as costelas do *uke* e puxa o braço esquerdo do *uke* para completar a imobilização.

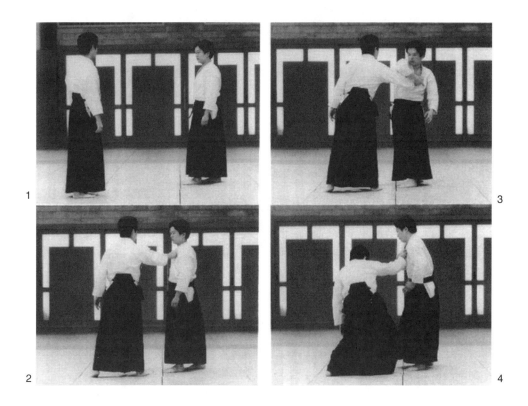

AS RAÍZES SECRETAS DO AIKIDO

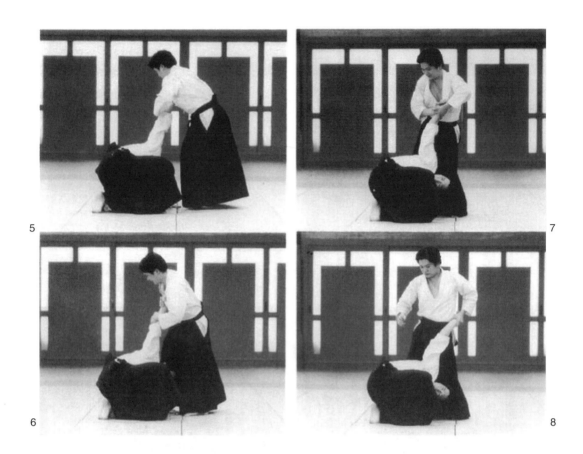

5
6
7
8

9

Fuji

O *uke* ataca com *shômen* com a base de sua mão direita. O *tori* levanta os braços em *aiki-age* e aplica o princípio de *fûkaku*, bloqueando o braço com que o *uke* está atacando no pulso e cotovelo, enquanto dá um passo largo com a perna da frente e corta para baixo. O *tori* então segura o braço direito do *uke* contra seu joelho direito, pega o braço esquerdo do *uke* com a mão esquerda e puxa sobre a cabeça do *uke*, e finalmente aplica pressão com a base da mão direita, dando mais eficiência à imobilização.

AS RAÍZES SECRETAS DO AIKIDO

144

Ukifune

O *uke* golpeia com um soco o estômago do *tori* com seu pulso direito. O *tori* sai para fora com a perna esquerda, ao mesmo tempo que atinge o pulso do *uke* com sua mão direita e o cotovelo do *uke* com a base de sua mão esquerda. Com a mão esquerda, ele segura o pulso direito do *uke*. O *tori* gira para trás e aplica um *atemi* nas costas do *uke* com o cotovelo direito. O *tori* trás a perna de volta à posição original e, com o dorso da mão direita, atinge o *uke* no rosto. Ele então leva seu pulso direito para o lado interno do cotovelo do *uke*, para lançá-lo ao chão. Ele aplica um *atemi* no cotovelo esquerdo do *uke* com a base de sua mão direita. Agora o *uke* está com o rosto para baixo, e o *tori* puxa a mão direita do *uke* para trás de sua nuca, e em seguida, até o ombro do *uke*. Para completar a imobilização, ele coloca o joelho direito nas costas do *uke*, enquanto pega o calcanhar direito do *uke* com a mão esquerda e o pulso esquerdo do *uke* com a mão direita.

AS RAÍZES SECRETAS DO AIKIDO

146

Técnicas Avançadas: Múltiplos Atacantes

Futari-dori (1)

O *uke* 1 segura a mão esquerda do *tori* com a mão esquerda e o *uke* 2 segura a mão direita do *tori* com a mão direita. O *tori* levanta a base de sua mão direita em *aiki-age* enquanto avança para a frente com a perna direita. O *tori* segura a mão direita de ambos os *uke*, gira e puxa suas mãos para trás de sua cabeça. Ele move o *uke* 1 para a esquerda, cruza os braços do *uke* 2, um sobre o outro, e leva ambos para o chão. O *tori* imobiliza um braço de cada *uke* com o joelho direito, para completar a imobilização.

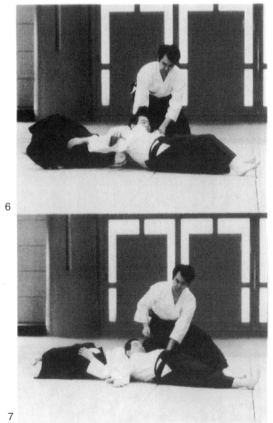

Futari-dori (2)

O *uke* 1 segura a mão esquerda do *tori* com ambas as mãos, enquanto que o *uke* 2 segura a mão direita do *tori* com ambas as mãos. O *tori* pega o pulso direito de ambos os *uke*, põe a perna esquerda para o lado diagonalmente; e em seguida gira 180 graus para a direita. O *tori* cruza os braços dos *uke*, um sobre o outro, e puxa ambos para o chão, para então imobilizar seus braços com seu joelho direito para completar a técnica.

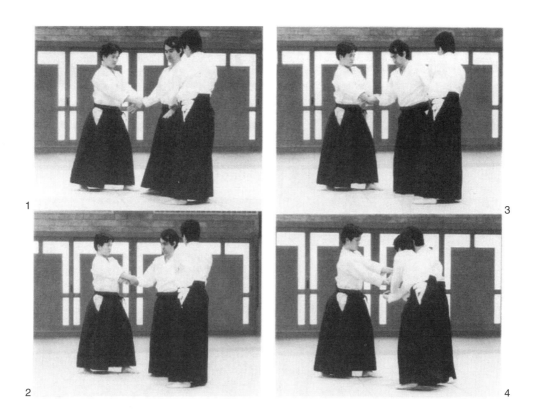

AS RAÍZES SECRETAS DO AIKIDO

150

Futari-dori (3)

O *uke* 1 vem da esquerda e segura a mão esquerda do *tori* com a mão direita. O *uke* 2 vem da direita e segura a mão direita do *tori*, com a mão esquerda. O *tori* levanta os braços em *aiki-age* e leva as mãos para baixo e novamente levanta suas mãos e as gira para trás no sentido horário para soltar-se da pegada dos dois *uke*. O *tori* segura um dos braços do *uke* 1 abaixo do seu e imobiliza-o com o cotovelo; em seguida, segura o braço do *uke* 2 sob o braço do *uke* 1 e também o imobiliza, levando ambos os *uke* para o chão. O *tori* então completa a imobilização pegando cada braço livre dos *uke* e cruzando-os sobre seu estômago, mantendo-os seguros com os quadris, deixando suas mãos livres.

AS RAÍZES SECRETAS DO AIKIDO

Sannin-dori

O *uke* 1 segura o braço direito do *tori*, o *uke* 2 segura o braço esquerdo do *tori* e o *uke* 3 segura a gola do *tori*. O *tori* levanta os braços em *aiki-age*, aplica a chave de *yonka-jô* aos dois *uke* que estão segurando seus braços, e vira o *uke* 1 para a direita ao levantar o braço daquele *uke* sobre a cabeça dele. O *tori* junta todos os braços dos *uke* e corta para baixo diagonalmente para levar os três para o chão. O *tori* então imobiliza seus braços com o joelho direito para completar a técnica.

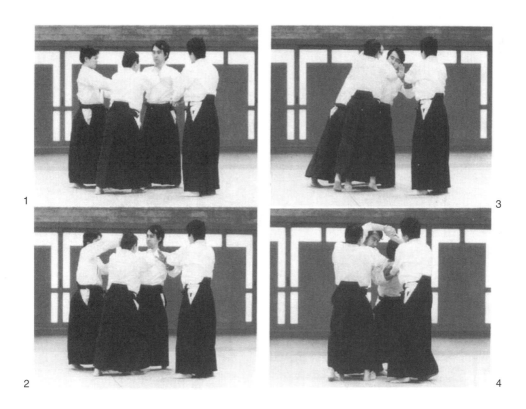

Yonin-dori

Quatro *uke* seguram o *tori* pelos braços, pela sua gola, pela frente e por trás. O *tori* levanta suas mãos como se estivesse levantando um par de espadas. Em seguida o *tori* dá um passo à frente com a perna direita, gira os quadris e dá um sobrepasso para a esquerda com a perna esquerda, atirando o *uke* que está atrás dele ao chão. O *tori* imobiliza o *uke* que está no chão com seu braço direito e continua a girar os quadris, levando os outros três *uke* ao chão, em cima do *uke* que lá está.

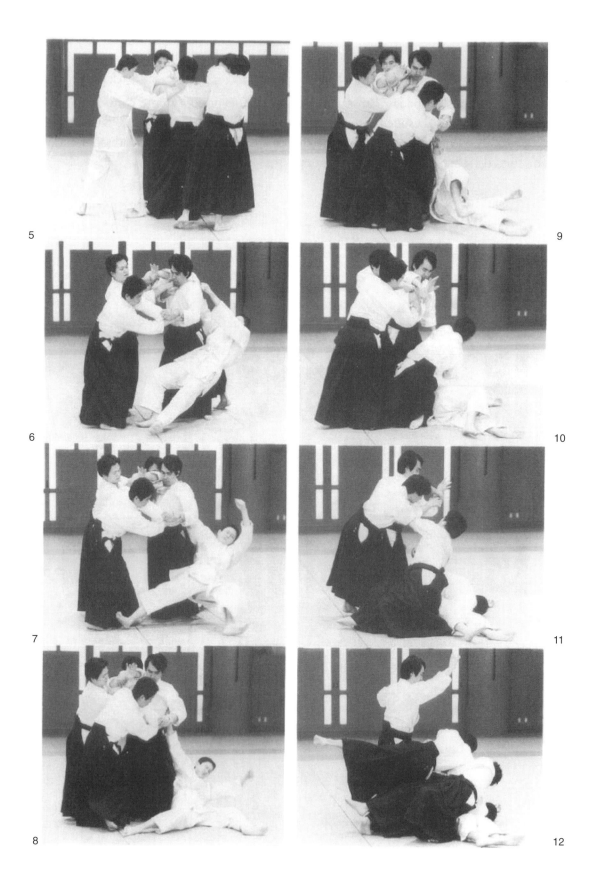

Gonin-dori

Cinco *uke* imobilizam o *tori* deitado no chão segurando-o pelos quatro membros e seu pescoço. O *tori* gira os joelhos para dentro a fim de imobilizar os pulsos dos dois *uke* que seguram o seu tornozelo aplicando chaves de *nika-jô*, enquanto levanta a cabeça e aplica *nika-jô* aos pulsos dos dois *uke* que seguram seus braços e em seguida cruza os braços desses *uke* um sobre o outro sob os braços do *uke* que segura o seu pescoço. O *tori* então se livra da imobilização.

Técnicas Avançadas: Kaeshi-waza

KAESHI-WAZA são "reversões de técnicas" usadas para contra-atacar determinado arremesso ou imobilização. Mesmo sem realmente aprender o que significa *kaeshi-waza*, a maioria dos praticantes consegue perceber quando um oponente está desleixado ao executar uma técnica, ficando fácil livrar-se dela. Iniciantes às vezes são tentados a se concentrar somente no *kaeshi-waza*, imaginando que essa técnica possibilitará a eles se libertarem de qualquer chave ou imobilização. Entretanto, dar muita ênfase ao *kaeshi-waza* pode às vezes impedir o progresso do aprendiz. Em vez disso, ele deve ter em mente o seguinte conselho: "Já que qualquer técnica pode ser contra-atacada com *kaeshi-waza,* cada técnica deve ser executada com concentração total e com muita atenção aos mínimos detalhes." De fato, a chave para se executar com precisão qualquer técnica está no princípio de "nunca ser descuidado".

Contra-atacando Ikka-jô com Aiki-nage

Dois *uke* tentam aplicar *ikka-jô* para imobilizar os braços do *tori*. O *tori* abaixa os quadris para contra-atacar a imobilização, levanta os braços em *aiki-age*, dá um passo largo com a perna direita e arremessa ambos os *uke* para trás.

AS RAÍZES SECRETAS DO AIKIDO

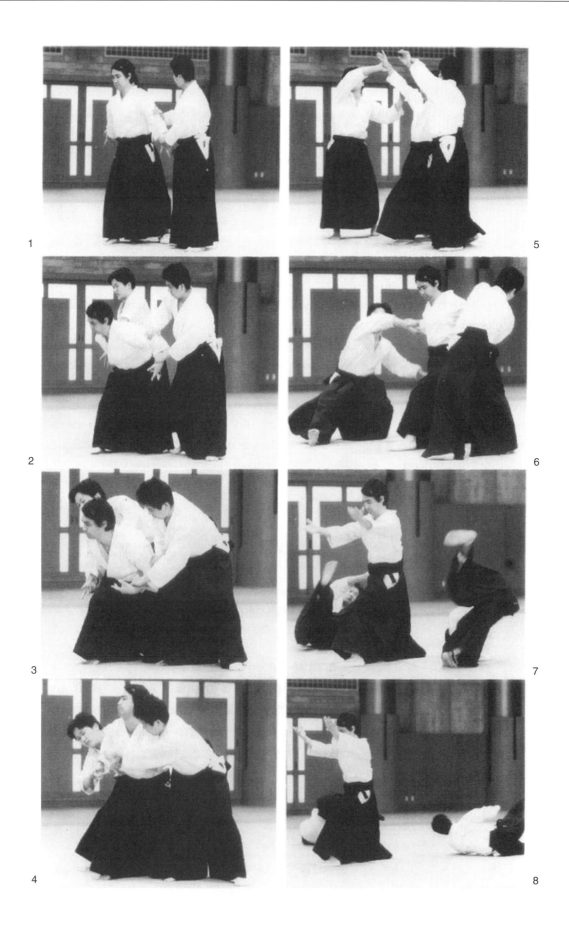

Contra-atacando Kote-gaeshi com Ikka-jô

O *tori* ataca com um soco o estômago do *uke*, com seu punho direito. O *uke* avança com a perna esquerda e segura o pulso direito do *tori* com a mão esquerda. O *tori* desliza a perna direita e leva o cotovelo direito nas costas do *uke*. O *uke* volta as pernas à posição original e, enquanto agarra o pulso do *tori*, coloca seu braço direito junto com o braço esquerdo do *tori*. Ele tenta girar o pulso do *tori* para dentro e puxá-lo para baixo, mas o *tori* fecha a mão como num soco e gira seu pulso para a direita (esse movimento é chamado de *neko no te kuden* ou movimento da "pata de gato"). O *tori* então coloca seu cotovelo direito sobre o cotovelo esquerdo do *uke*, e alinha a mão esquerda contra o pulso esquerdo do *uke*. Em seguida, ele imobiliza o cotovelo do *uke*.

Neko no te kuden
Esse movimento é freqüentemente utilizado com *kaeshi-waza*. *Neko no te kuden* é um movimento executado quando um oponente está segurando o seu pulso. Se, em resposta, você fecha levemente o pulso, isso permitirá que sua mão possa ser movimentada em qualquer direção e será mais fácil de executar o *kaeshi-waza*. Esse movimento também é eficiente quando se aplica *aiki* numa técnica.

AS RAÍZES SECRETAS DO AIKIDO

1
2
3
4
5
6
7

162

Contra-atacando Irimi-nage com Shihô-nage

O *tori* ataca com *shômen* com a base de sua mão direita. O *uke* dá um sobrepasso para a frente com o pé esquerdo e tenta executar a técnica de *irimi-nage* (arremesso com avanço). O *tori* segue o sentido da mão direita do *uke*, abaixa a cabeça e agarra o pulso direito do *uke* com ambas as mãos; avança com a perna esquerda, gira 180 graus e executa a técnica do *shihô-nage* (arremesso nas quatro direções).

AS RAÍZES SECRETAS DO AIKIDO

164

TÉCNICAS AVANÇADAS: *KAESHI-WAZA*

Contra-atacando Shihô-nage com Ikka-jô

O *tori* cai ao chão primeiro, por sua própria iniciativa, fugindo assim da tentativa de imobilização. Com os dedos médio e anular da mão direita forma um gancho ao redor do pulso da mão direita do *uke* (no movimento conhecido como *nonaka no maku kuden*) e puxa o *uke* para baixo. O *tori* se levanta apoiando-se no joelho direito e coloca o pulso direito do *uke* nesse joelho, enquanto pressiona o cotovelo direito do *uke* com a mão esquerda. A imobilização é completada com uma torção no pulso do *uke*.

AS RAÍZES SECRETAS DO AIKIDO

7

Nonaka no maku kuden
Esse movimento leva o nome do tipo de cerco simples que pode ter sido utilizado para proteger o acampamento temporário em campo aberto, composto de uma armação de quatro cordas esticadas em quatro estacas de madeira. *Nonaka no maku* transmite a idéia de que quando uma das cordas é tocada, todas as cordas se movimentarão; a frase é usada para se referir ao movimento que faz bom uso do contato estabelecido entre o lutador e qualquer ponto existente no corpo do oponente. Por exemplo, segurar a manga do oponente e utilizá-la para arremessá-lo seria um tipo de *nonaka no maku*.

TÉCNICAS AVANÇADAS: *KAESHI-WAZA*

Contra-atacando Irimi-nage com Ashi-sarai

O *tori* ataca com *shômen* com a base de sua mão direita. O *uke* se move para a direita do *tori*, e bloqueia a base da mão direita do *tori* com a base de sua mão direita. O *uke* avança para fora com a perna esquerda, puxa a cabeça do *tori* para seu peito, leva a perna direita para trás e para a esquerda, leva para baixo a base de sua mão direita, enfraquecendo o *tori*. O *uke* leva a perna direita para a esquerda e atrás do *tori*, e ao mesmo tempo gira sua mão com a palma para baixo e desliza para baixo, tentando arremessar o *tori*. O *tori* antecipa esse movimento e cai antes que o *uke* possa arremessá-lo; ao mesmo tempo o *tori* desliza a base de sua mão direita sob a perna esquerda do *uke* (que se encontra dobrada no joelho). Quando o *uke* cai olhando para o chão, o *tori* usa a mão direita para segurar o primeiro e segundo dedos do pé direito do *uke*, e em seguida usa-os para puxar o pé para as costas do *uke*.

167

AS RAÍZES SECRETAS DO AIKIDO

Detalhe da imobilização no pé: segure o dedão e o segundo dedo do pé e force-os para trás em direção à sola do pé.

Técnicas Diversas

EXISTEM QUATRO MANEIRAS de se imobilizar um atacante: pressionando os ossos, torcendo os músculos e juntas, puxando a pele e segurando o cabelo. Ataques dirigidos à pele e aos cabelos podem ser contra-atacados facilmente e, mesmo que as técnicas para lidar com esses ataques tenham sido mantidas tradicionalmente em segredo no Daitoryu, esta secção irá introduzir algumas dessas técnicas, e concluirá com instruções para se lidar com um *uke* que está armado com uma espada ou com um *jô* (bastão de madeira medindo aproximadamente um metro e vinte).

Kami no ke-dori ikka-jô

O *uke* segura o cabelo do *tori* por trás, com a mão direita. O *tori* segura a mão do *uke* com ambas as mãos, gira para o lado direito e aplica pressão no pulso do *uke*, fazendo-o flutuar sobre os dedos dos pés. O *tori* imediatamente corta para baixo com suas mãos, e em seguida pressiona o cotovelo do *uke* com a mão esquerda para levá-lo ao chão. Em seguida, o *tori* imobiliza o ombro e pulso do *uke* como na demonstração.

Kami no ke-dori shihô-nage

O *uke* segura o cabelo do *tori* por trás, com a mão direita. O *tori* segura a mão do *uke* com ambas as mãos, gira para a esquerda e aplica pressão ao pulso do *uke*, levando-o a ficar na ponta dos pés. O *tori* então gira para a direita, dá um passo com a perna esquerda, gira 180 graus e aplica a técnica do *shihô-nage*.

AS RAÍZES SECRETAS DO AIKIDO

172

Kami no ke-dori sanka-jô-kiritaoshi

O *uke* segura o cabelo do *tori* por trás, com a mão direita. O *tori* segura a mão do *uke* com ambas as mãos, gira para a direita e aplica pressão ao pulso do *uke,* levando-o a ficar na ponta dos pés. O *tori* então dá um passo largo para trás e corta para baixo no pulso e cotovelo do *uke*, levando-o ao chão.

AS RAÍZES SECRETAS DO AIKIDO

5
6
7
8

Tachi-dori aiki-nage

O *uke* realiza um *shômen* com uma espada. O *tori* dá um passo à frente, golpeia as costelas do *uke* com um *atemi* e, em seguida, faz um giro de 180 graus e segura o cabo da espada do *uke*. O *tori* então levanta o braço direito em *aiki-age* e arremessa o *uke* diretamente à sua frente, mantendo a espada da maneira como a segurou.

AS RAÍZES SECRETAS DO AIKIDO

176

Tachi-dori kote-gaeshi

O *uke* realiza um *shômen* com uma espada. O *tori* avança, atinge com um *atemi* as costelas do *uke* e aplica a chave de *kote-gaeshi* no pulso direito do *uke*. O *tori* então gira os quadris, avança para a frente com a perna direita e executa um arremesso de *kote-gaeshi*. Depois de levar o *uke* ao chão, o *tori* o desarma e segura-o sob seu domínio.

AS RAÍZES SECRETAS DO AIKIDO

178

Tachi-dori shihô-nage

O *uke* ataca com *kesa-giri* (ataque diagonal cruzando o corpo) com uma espada. O *tori* avança com a perna direita e atinge com um *atemi* a nuca do *uke* com a mão direita, enquanto consegue segurar a espada com a mão esquerda. O *tori* então avança com a perna esquerda e aplica um *shihô-nage*, cuidando para manter a espada centralizada diretamente à sua frente. Enquanto executa o arremesso, o *tori* desarma o *uke* e o mantém sob o seu domínio.

1

2

3

4

AS RAÍZES SECRETAS DO AIKIDO

180

Tachi-dori ikka-jô

O *uke* segura o pulso do *tori* com a mão direita, tentando evitar que o *tori* desembainhe a espada. O *tori* segura o pulso do *uke* com a mão direita, gira os quadris levemente para a direita e conduz o braço do *uke* para cima com a mão direita, enquanto aplica um *atemi* nas costelas do *uke*, com o cabo da espada. O *tori* então imobiliza o *uke* pressionando o cotovelo para baixo com a espada, e leva-o ao chão.

5

6

7

8

Tachi-dori nika-jô

Com a mão direita o *uke* segura o pulso direito do *tori*, tentando evitar que ele desembainhe a espada. O *tori* gira os quadris levemente para a direita e levanta sua espada sobre o pulso do *uke*, e aplica a chave de *nika-jô*, usando as mãos e o cabo da espada para aplicar a pressão no pulso.

AS RAÍZES SECRETAS DO AIKIDO

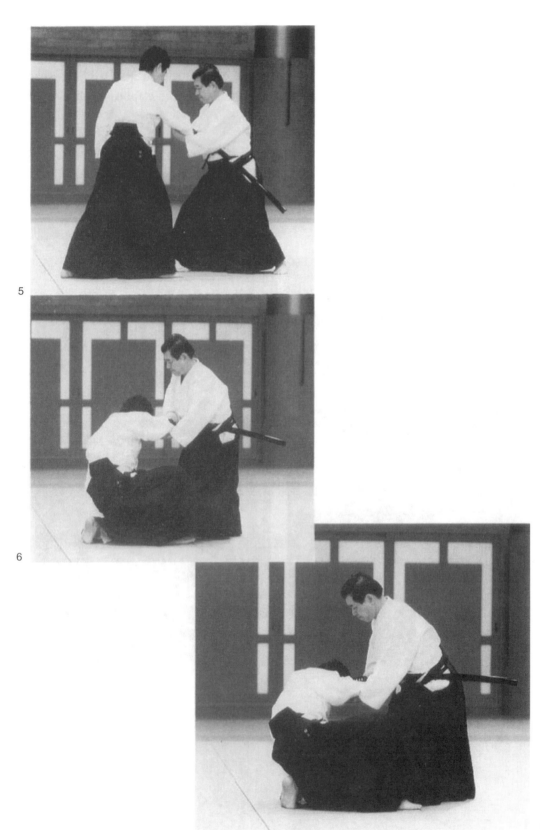

5

6

7

Tachi-dori sanka-jô

O *uke* segura o pulso direito do *tori* com a mão direita, tentando evitar que o *tori* desembainhe a espada. O *tori* gira os quadris levemente para a direita, solta a pegada do *uke* e segura o pulso do *uke* com a chave de *sanka-jô*. O *tori* aplica pressão no pulso do *uke*, fazendo com que ele se levante e fique na ponta dos pés como se estivesse flutuando. O *tori* então desembainha sua espada e golpeia o corpo do *uke* de lado a lado.

AS RAÍZES SECRETAS DO AIKIDO

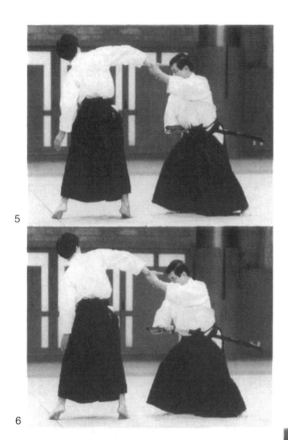

Kasa-dori shihô-nage

O *uke* segura o *kasa* (guarda-chuva) do *tori* com a mão direita. O *tori* segura o pulso direito do *uke* com a mão direita e aplica o *shihô-nage*, como mostra a figura.

Kasa-dori aiki-nage

O *uke* segura o *kasa* (guarda-chuva) do *tori* com a mão direita. O *tori* puxa levemente para baixo o *kasa*, dá um passo largo para a frente com a perna direita e arremessa o *uke* ao chão, aplicando *aiki-age* seguido de *aiki-sage*.

AS RAÍZES SECRETAS DO AIKIDO

190

Jô-dori futari-nage

Dois *uke* seguram o *jô*, cada um segurando numa ponta do bastão. O *tori* segura a parte central do *jô* com a mão direita. Ele puxa suavemente para baixo e em seguida empurra para cima bruscamente, e depois para baixo, num movimento como se estivesse deslizando-o. O *tori* coloca o joelho direito no *jô* e o conduz para baixo em direção às pernas de ambos os *uke*, tirando-lhes o equilíbrio. Em seguida, ele puxa para cima o *jô* e atira os *uke* para trás.

TÉCNICAS DIVERSAS

AS RAÍZES SECRETAS DO AIKIDO

4

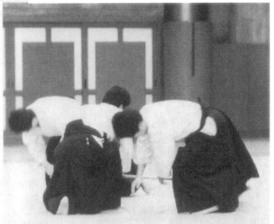
5

6

192

Jô-gatame (1)

O *uke* golpeia para a frente, estocando com o *jô*. O *tori* avança com a perna direita para dentro do ataque, segura o *jô* com a mão esquerda e segura o pulso direito do *uke* aplicando a chave de *yonka-jô*. O *tori* em seguida avança com a perna esquerda, coloca o *jô* contra o cotovelo direito do *uke* e faz pressão para levá-lo ao chão. O *tori* então pisa no *jô* para completar a técnica.

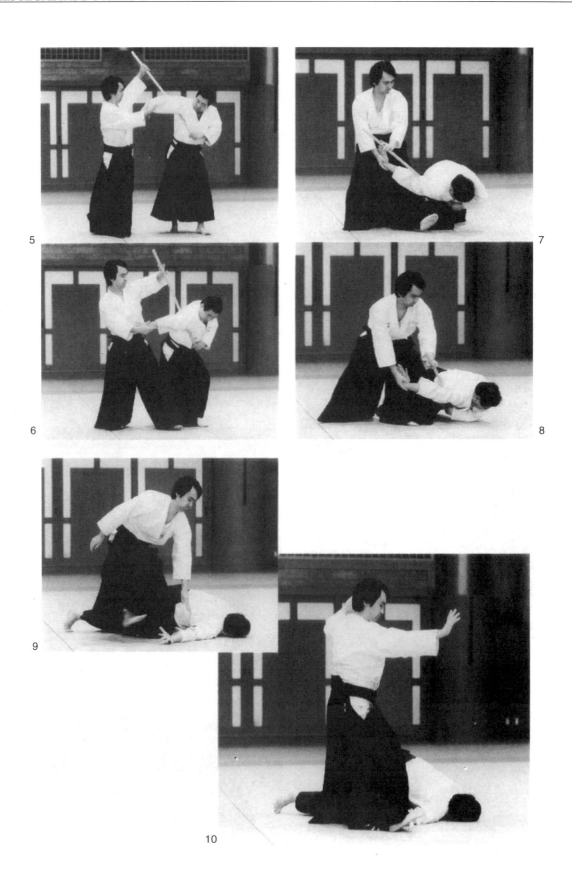

Jô-gatame (2)

O *uke* segura a ponta do *jô* com a mão esquerda. O *tori* gira o *jô* para fora do pulso do *uke* cruzando no cotovelo do *uke* e fazendo pressão para baixo enquanto faz um giro para levar o *uke* ao chão. O *tori* então completa a técnica pisando no *jô*.

AS RAÍZES SECRETAS DO AIKIDO

5

6

7

8

9

10

11

Glossário

aiki	Lit. "união dos *Ki*", energia harmonizadora.
Aiki Jujutsu	Técnicas corporais baseadas na aplicação dos princípios do *aiki*.
aiki jûmon	Divisão das técnicas de *aiki* em dezenas.
aiki o kareru	A aplicação do *aiki* numa técnica.
aiki com duas espadas, Princípio (estilo)	Utilização da base das duas mãos para golpear simultaneamente os pontos de pressão na nuca e pulso do oponente.
aiki-age	Levantar as mãos para cima para tirar o equilíbrio do oponente; designado como movimento do "dragão de fogo" no Daitoryu.
aiki-sage	Abaixar as mãos para o lado para tirar o equilíbrio do oponente; designado como movimento do "dragão da água" no Daitoryu.
Aikido	Lit. "caminho da harmonia", o caminho da harmonização do *ki*. Disciplina marcial fundada por Morihei Ueshiba depois de passar várias décadas sob treinamento austero tanto espiritual quanto físico, incluindo estudos extensos das técnicas de Daitoryu sob a supervisão de Sokaku Takeda.
Atemi	Golpe ou chute dado contra qualquer ponto de pressão no corpo.
budô	Lit. "caminhos marciais". Artes marciais.
chinkon mudra	Movimento de mão usado durante a meditação que também pode ser usado como técnica marcial.
Daitoryu	Arte marcial secreta e tradicional praticada pelo Samurai do domínio de Aizu e introduzida no mundo moderno pelo mestre Sokaku Takeda, no começo do século XX.
Daitoryu Aiki Jujutsu, Método	Um dos três métodos de se executar qualquer técnica; este combina o *atemi* com o timing do *aiki*.
Daitoryu Aiki no Jutsu, Método	Um dos três métodos de execução de qualquer técnica; este se baseia principalmente no timing do *aiki*.
Daitoryu Jujutsu, Método	Um dos três métodos de execução de qualquer técnica; este se baseia primariamente no *atemi*.
dô	O Caminho; a trilha espiritual.
dojô	Local de treinamento.

dokkô	Ponto de pressão na nuca, abaixo da orelha; a pressão é aplicada aqui no início do *irimi-nage*.
en no sabaki	Movimento circular executado ao se girar tendo um pé como pivô, para redirecionar ou neutralizar um ataque.
fudô daiji	Técnica baseada na ponta dos dedões das mãos como ponto de foco.
fudô no dô	Lit. "movimento imóvel"; qualquer técnica que envolve mover parte do corpo de alguém mantendo a outra parte imóvel.
fudô no shôji	Técnica baseada na ponta dos dedos mínimos como ponto de foco.
fûkaku den	Técnicas para trazer o oponente para baixo atacando o seu centro, segurando o seu braço no cotovelo e empurrando-o em direção ao seu nariz ou orelha.
funazoko kuden	Uma ajuda na aplicação eficiente de certas técnicas como *rokka-jô*, na qual o braço desliza em forma de arco, como se estivesse pegando água no fundo de um barco de fundo arredondado.
godenkô	Ponto de pressão na nuca.
goka-jô	"Imobilização número cinco": técnica de imobilização básica do Aiki Jujutsu.
guinomi kuden	Movimento da "xícara de saquê".

hanmi	Posição de luta; postura triangular.
hanmi, esquerdo	Posição de combate triangular, com o pé esquerdo à frente.
hanmi, direito	Posição de combate triangular, com o pé direito à frente.
happô	"Arremesso nas oito direções". Ver também *karyû happô*.
hara	"Barriga"; centro de gravidade; centro físico e espiritual do corpo humano.
ikka-jô	"Imobilização número um": técnica de imobilização mais básica do Aiki Jujutsu.
in'yô no den	O movimento de "yin-yang"; o movimento da palma da mão durante um arremesso, no qual a palma aponta para cima, no início do arremesso, e para baixo, na finalização.
irimi	O princípio de se "entrar"; um passo decisivo para a frente a fim de neutralizar um ataque.
irimi-nage	Arremesso com entrada.
jô	Bastão medindo 1,20 metro.
Jujutsu	Técnicas corporais baseadas no princípio da flexibilidade.
Jutsu	Arte; técnica; arte marcial.
kaeshi-waza	Técnicas reversas; técnicas para contra-atacar um oponente.
kannuki kuden	Movimento que envolve abrir e expandir os dedos quando o pulso é agarrado.
karyû happô	"Arremesso do fogo do dragão nas oito direções." Ver também *happô*.
kasa	Guarda-chuva de papel.
katame	Métodos de imobilização.
Kendo	Arte japonesa de luta com

GLOSSÁRIO

	sabre, praticada com armadura de proteção e espadas de bambu.
kesa-giri	Golpe diagonal no corpo.
Ki	Força vital.
kiai	Grito com o espírito; estado em que se está inteiramente energizado de *ki*.
ki no musubi	Técnicas para unir os *ki*.
kimeru	Imobilizar definitivamente.
kote-gaeshi	Chave no pulso seguida de arremesso.
kyokuchi	Ponto de pressão próximo ao cotovelo.
ma-ai	Distância de combate entre *uke* e *tori*.
musubi	Energia criadora; geradora da vida.
myaku-mochi no den	Pegada no pulso: segurar o pulso do oponente e torcê-lo.
neko no te kuden	A pegada da "pata de gato"; técnica que permite que a sua mão permaneça completamente flexível mesmo quando um oponente a estiver agarrando.
nonaka no maku kuden	Movimento que faz um uso proveitoso de um ponto de contato estabelecido entre o próprio corpo e o corpo de um oponente.
nika- jô	"Imobilização número dois": técnica de imobilização básica no pulso.
obigurai no den	"No nível do cinto"; posicionar a mão de um oponente na altura do cinto para aplicar a técnica de *kote-gaeshi*.
oguruma	Imobilização do braço.
o-tome bujutsu	"Arte marcial dentro do clã." Termo antigo para as várias artes marciais, incluindo

	o Daitoryu, usado para sugerir o modo secreto com que a tradição era guardada.
rokka-jô	"Imobilização número seis"; chave básica aplicada no cotovelo.
sanka-jô	"Imobilização número três"; chave básica aplicada no pulso e na mão.
seiza	Posição formal ajoelhada.
sensei	Professor, mestre.
shihô-nage	Arremesso nas quatro direções.
shinki	"Espírito divino"; a mais pura e elevada forma de *ki*.
shôkai	Ponto de pressão próximo ao cotovelo.
shômen-uchi	Ataque à coroa da cabeça ou ao rosto, entre os olhos.
tantra	Ensinamentos esotéricos hindus e budistas e instruções ritualísticas na utilização do potencial completo do corpo.
Tao	Força vital, no antigo ensinamento taoísta chinês.
tegatana	Utilizar a mão como se tivesse corte "como o de uma faca" e sua parte cortante, incluindo o dedo mínimo; pode ser utilizada para atacar com um golpe ou aplicar uma imobilização.
tenchi no den	Lit. movimento "céu/terra". Um modo específico de segurar a mão do oponente em *shihô-nage*, de modo que seu dedo indicador aponte para cima (em direção ao "céu") no início do arremesso, e para baixo (em direção à terra) na finalização.

199

AS RAÍZES SECRETAS DO AIKIDO

tori	Pessoa que reage a um ataque.
tsuribari kuden	Pegada do "anzol de pescar".
tsurizao kuden	Imobilização da "vara de pescar". Uma maneira leve e eficiente para segurar a mão do oponente.
uke	Pessoa que inicia o ataque.
ukemi	Queda; usada para se safar de ferimentos quando se recebe uma técnica.
umô no den	O "toque de pluma". O uso de um toque leve com a mão aberta para guiar a cabeça (ou o braço) de um oponente para baixo.
waza	Técnica.
Yôga	Sistema indiano de ginástica e exercícios saudáveis; também a filosofia da integração da mente-corpo.
yôkei	Ponto de pressão próximo ao pulso.
yôkoku	Ponto de pressão próximo ao pulso.
yokomen	O lado da cabeça.
yokomen-uchi	Atacar o lado da cabeça.
yonka- jô	"Imobilização número quatro"; chave aplicada no pulso do oponente.
Xintô	Religião originária do Japão.